本书以麻将实战技巧作为基础，以麻将的发展开篇，以基础理论——战术——战略为主线，对于新手提升、老手进阶都不无裨益。

速成攻略

麻将高手

麻神 著

天津出版传媒集团

天津科学技术出版社

图书在版编目（CIP）数据

麻将高手速成攻略 / 麻神著. -- 天津 ： 天津科学
技术出版社，2024. 11. -- ISBN 978-7-5742-2421-6

Ⅰ. G892.2

中国国家版本馆 CIP 数据核字第 2024T6P469 号

麻将高手速成攻略
MAJIANG GAOSHOU SUCHENG GONGLUE

策划编辑：刘　磊
责任编辑：杜宇琪
出　　　版：天津出版传媒集团
　　　　　　天津科学技术出版社
地　　　址：天津市西康路 35 号
邮　　　编：300051
电　　　话：(022)23332399
网　　　址：www.tjkjcbs.com.cn
发　　　行：新华书店经销
印　　　刷：运河(唐山)印务有限公司

开本 710×1000　1/16　印张 15.25　字数 180 000
2024 年 11 月第 1 版第 1 次印刷
定价：98.00 元

序 言

麻将是一种古老的牌类游戏，现已成为中国人娱乐文化的一部分。在中国广大游戏爱好者之中，麻将拥有着极高的地位。无论是老人还是孩子，男人还是女人，几乎都会玩麻将，都会在闲暇之余或小聚的时候打打麻将。可为什么中国人如此喜欢打麻将呢？在牌桌上，又有什么需要我们去探寻的秘密呢？

麻将作为中国传统文化的代表，承载了许多文化因素。首先，它体现了中国人的素质美德。在麻将中，诚信是一个非常重要的品德。玩麻将虽然是为了赢取胜利，但它讲究的是公平公正，不能为了胜利而蒙骗对方。其次，麻将的规则和玩法也体现了中国人的社区意识和合作精神。在一场麻将游戏中，各方都需要保持警惕，观察彼此，因为"东南西北"四个风方块是以玩家为基础进行规则设置的，每个人都得有所取舍，通过不同的角色来确保游戏的平衡。再次，在麻将游戏中不断地计算加减赋予玩家思维训练的功能，也体现了中华文化的特质。在麻将游戏中，常常可以听到"上红赚钱"的表达，这更是充分体现了中国人的热情好客。

麻将作为一种社交活动，承载了大量社交因素。首先，麻将游戏能够带来交流的机会。在比赛中，玩家需要交流这个牌局的情况，分析计算每个人的牌面，在不断的交流中，玩家也会增加对彼此的了解，从而拉近彼此的距离。其次，麻将游戏也是一种团队协作的体验，可以锻炼我们的团队意识。在麻将比赛中，每个人都有自己的角色和任务，大家只有团结协作，才能够获取胜利。最后，麻将还可以为玩家带来娱乐效果，让所有玩家舒缓自己的压力，进一步促进彼此的情感交流。这也是麻将其能够吸引人们的主要因素。

在麻将游戏中，除了文化和社交因素外，心理因素也至关重要。其一，玩麻将可以给人一种放松的感觉。尤其在工薪阶层中，麻将游戏是一种排解压力和放松心情的好方法。在工作之余，麻将作为一种娱乐和放松的方式，可以让玩家在游戏中放松下来，使其之后能更加放松地投入工作。其二，麻将还可以带来一些挑战和刺激。对于一些喜欢挑战自己、追求刺激的人来说，玩麻将是一种不错的选择。玩家需要不断地思考和分析，从多方面综合考虑。这一系列复杂的思考过程不仅可以锻炼人的反应能力，也可以让人在玩游戏的过程中更加投入，从而达到放松和快乐的状态。

总之，麻将游戏在中国很多方面都承载着人们的文化、社交、心理等因素。作为中国传统牌类游戏之一，麻将自然拥有着丰富的文化内涵。在亲友聚会时，玩麻将也是一种不错的交流方式。相信通过这种方式，人们既可以增进对彼此的了解，也可以锻炼自己的思考能力和团队协作精神。当然，在传统文化的基础上，我们还应该找到一些新的形式，对麻将玩法进行改良，这样才能让更多人走近麻将，感受中国传统文化的魅力。

中国人对麻将的热爱举世皆知。年轻人休闲娱乐，可以打麻将；老年人打发时间，可以打麻将；邻里串门、亲朋团聚，可以打麻将……有网友调侃："三缺一，才是中国人最大的恐惧。"中国有哪个地方的人不爱打麻将？在百度地图 App 上，就连在能洗涤灵魂的拉萨，一搜"麻将机"，都能显示不少条结果。论及对麻将的热爱，每个中国人都应该有发言权。据不完全统计，仅中国就有 31 种麻将流派，这还不包括通行的国标麻将。中国有 34 个省级行政区域，也就是说，几乎每一个区域就有一种专属的麻将流派。甚至有时候，就连市与市之间，麻将的玩法也完全不一样。仅就四川而言，各地差异也非常大。成麻（成都麻将）算是普及和影响面最广的一种了。其他比较有代表性的宜宾麻将、攀麻（攀枝花麻将）和绵阳麻将等，也颇具特色。从银装素裹的东北，到春暖花开的华南，麻将跨越了整个中国，没有地域之分，只有玩法不同。

说起麻将，四川的存在感总是很强。在争做"网红"省份的路上，四川一马当先，拿下了"熊猫爸爸""麻辣串串""方言说唱"等一系列热门标签，其独创的火锅麻将、泳池麻将、油菜花田麻将也刷新了广大群众的麻将观。有了必须缺一门的四川麻将，就得有不许缺门的沈阳麻将；有了令人捉鸡的贵州麻将，就不能少了佛系摇铃的上海麻将；既然上海人的麻将桌能摆到外滩边，那在甘肃的沙漠里当然也得来一桌。在茶馆里打麻将、在家里打麻将、在工地上打麻将、在道路边打麻将……即便是平时再没话聊的三姑六婆，当你三缺一的时候，也会真诚而热情地请她们到身边坐一坐。打麻将不仅是娱乐，也是拉近人与人之间关系的一个好方式。麻将自带社交功能是毋庸置疑的，几个知心朋友，除了喝酒、吃饭、唱歌，寻一僻静之处，一壶香茗，一座方城，又怎知不是生活的另一道风景？逢周末假日，甚至工作日的晚上，约上几个"志同道合"的朋友、同事来搓几局麻将。再者，茶余饭后，与邻里打麻将，亦是一种乐事。

麻将爱好者慢慢形成固定的圈子、固定的打牌地点，只要有时间，大家就约在一起，喝喝茶、聊聊天、打上一局麻将。以团圆为主题的中国春节，亲人团聚、走亲访友，除了拜年和聚餐，麻将似乎一直是春节社交的保留节目。亲友之间的牌桌并非赌博，而只是娱乐，和看春晚、包饺子、贴春联一样寻常。在很多中国人的过年记忆里，总有几个和打麻将有关的故事。

其实，亲友之间的麻将不仅存在于春节之中，更存在于每一个节日之中，关于相聚、关于亲情，早已融入中国人的骨子里。曾经，是生活逼着我们学会打麻将；如今，开一桌麻将搓一搓、盘一盘，再和一和，那也是生活。麻将还充分体现了中国人的哲学思维和处事原则。虽然麻将只有100多张牌，但打起来却丰富多彩、变化无穷，既斗智又较勇。

古人曾对麻将爱好者有这样的要求："入局斗牌，必先炼品。品宜镇静，不宜躁率。得勿骄，失勿吝；顺时勿喜，逆时勿愁，不形于色，浑涵宽大，品格为贵。尔雅温文，斯为上乘。"这正体现了麻将娱乐本身的益处与乐趣所在。

于更多人来说，麻将既是一种娱乐，也是一种社交工具。而这么多年来，能一直坐在一张麻将桌上的，必然都是真正的至交好友。作为中国的国粹，麻将不仅承载着中国传统的人文根脉和哲学思维，更是普罗大众的朋友。

麻将被赋予了文化、社交、娱乐属性，因此，世人皆爱麻将！但是，我希望大家能够正视麻将，树立健康的娱乐观念，千万不要参与赌博，更不要玩得超过自己的承受范围。本书以麻将实战技巧作为基础，以麻将的发展开篇，以基础理论—战术—战略为主线，对于新手提升、老手进阶不无裨益。本书最后以实战技巧进行牌型拆解与分析。本书的讲解

深入浅出，深受读者喜爱。读者可以结合作者抖音号的内容，通过文本
与视频结合的方式，让自己的麻将水平得到快速提高。

目 录

第一章 麻将的发展与变化 ·················· **001**

1.1 麻将的简介 ················· 003

1.2 麻将的起源 ················· 003

    1.2.1 麻将的出现 ················· 003

    1.2.2 麻将的起源学说 ················· 004

1.3 麻将产生的背景、意义与内涵 ················· 007

    1.3.1 麻将产生的背景 ················· 007

    1.3.2 麻将产生的意义 ················· 008

    1.3.3 麻将的文化内涵 ················· 010

1.4 麻将的传播与发展 ················· 012

    1.4.1 传播与发展 ················· 012

    1.4.2 麻将的特色及变化 ················· 014

1.5 正确认知 ················· 016

第二章 麻将术语词汇略解 ·················· **019**

2.1 麻将术语词汇 ················· 021

2.2 麻将牌谱词汇 ················· 029

第三章 麻将的基础理论(理论篇) ·························037

3.1 麻将基础理论 ·····································039

　3.1.1 麻将攻守之道 ·····························042

　3.1.2 麻将常见雷区 ·····························043

3.2 麻将各类搭子对于牌型的价值判断 ···········044

　3.2.1 对子价值 ·······························048

　3.2.2 三对牌型 ·······························050

　3.2.3 四对牌型 ·······························051

　3.2.4 四连牌型价值 ···························052

3.3 牌面价值判断 ·································054

　3.3.1 最多张数原则 ···························055

　3.3.2 绝张的价值和意义 ·······················056

　3.3.3 早打无周边,晚打有周边 ·················057

3.4 五搭牌原理及其应用 ·························059

3.5 经线牌理论及应用 ···························064

　3.5.1 经线牌理论 ·····························064

　3.5.2 经线牌应用 ·····························065

　3.5.3 经线牌带入快速整理清一色 ···············066

3.6 金三银七的理念及序数牌的封闭效应 ···········068

　3.6.1 金三银七的理念及应用 ···················068

　3.6.2 序数牌的封闭效应 ·······················071

3.7 玩转数字游戏的核心要点 ·····················072

第四章 打好麻将的方法与技术（战术篇） ·················· 075

  4.1　最大概率打法 ·······································077

      4.1.1　手牌无对 ···································077

      4.1.2　手牌一对三单 ·····························079

      4.1.3　手牌两对 ···································081

      4.1.4　手牌三对 ···································082

  4.2　四人抬轿牌型打法 ·······························083

  4.3　麻将衍牌的打法 ·································088

  4.4　打七对的方法和技巧 ·····························091

  4.5　逆风局打法 ·····································095

  4.6　起手定攻防 ·····································102

  4.7　优化手牌的思维 ·································106

  4.8　猜牌技巧 ·······································108

      4.8.1　猜牌技巧（一） ·····························108

      4.8.2　猜牌技巧（二） ·····························112

  4.9　如何防止手牌被看穿 ·····························117

  4.10　判断对手是否听牌的八大技巧 ···················118

  4.11　中局如何做形势判断 ·····························121

  4.12　听牌的原则和技巧 ·······························123

  4.13　科学选择卡张与对倒 ·····························128

  4.14　手牌的规划案例详解 ·····························130

第五章 打好麻将的战略基础（战略篇） ·················· **133**

5.1 控局思维 ·················· 135

5.2 腾挪打法战略 ·················· 136

5.3 十二圈打法战略 ·················· 138

5.4 牌感训练与提升 ·················· 141

5.5 养成良好心态，轻松掌控牌局 ·················· 144

5.6 提升专注度，保持高胜率 ·················· 146

5.7 练就强大气场，让对手胆寒 ·················· 149

5.8 成为高手的五个好习惯 ·················· 151

5.9 位置与牌流战略 ·················· 154

5.10 防作弊战略 ·················· 157

第六章 麻将实战技巧 ·················· **161**

6.1 开局打法 ·················· 163

6.2 最大概率打法 ·················· 186

6.3 拆搭技巧 ·················· 197

6.4 三大牌型 ·················· 213

6.5 常见错误 ·················· 219

第一章

麻将的发展与变化

1.1 麻将的简介

麻将是发明于中国古代的博弈游戏，经过几千年的发展，现已成为非常成熟的棋牌类娱乐用具。我们所知的麻将大多是用竹子、骨头或塑料制成的小长方块，上面刻有花纹或字样。依据不同地方的规则，不同地区的麻将在牌的数量、牌式构成上存在很大差异，但麻将的牌式主要由"饼""条""万"，加上一些地方性的特色牌式构成。与其他骨牌形式相比，麻将的玩法最为复杂有趣。它的基本打法简单，容易上手，但其中变化极多，搭配组合因人而异，因此成为中国历史上最吸引人的博弈游戏形式之一。目前，麻将已走出国门，成为中国文化输出的一种重要形式。

1.2 麻将的起源

1.2.1 麻将的出现

据历史考证，类麻将的牌具（以下简称"麻将"）最早出现于距今三四千年的王公贵族的日常游戏中。麻将在诞生之初，只在这些王公贵族中传播。在之后的数千年间，麻将逐步由上层社会传播到基层人民大众之中，由宫廷流传到民间，并成为一个可全民参与的娱乐游戏。麻将之所以会在王公贵族这样的上层社会中产生，是有一定原因的。首先，当时奴隶制社会已发展到一定阶段，并达到顶峰；其次，奴隶制经济的不断发展使得王公贵族的生活得到保障，无需担忧；最后，当时奴隶制王国国力强盛、社会稳定，因此王公贵族在日常生活中不断寻求更多的娱乐手段，麻将也就成为必然。奴隶制发展到鼎盛时期，奴隶制经济不断发展，社会稳定、王公贵族生活保障充足，加上对更多娱乐方式的追求，麻将应运而生。麻将的出现丰富了上层社会的娱乐方式。研究麻将的起源，有助于我们了解麻将产生时期的政治、经济、文化等一系列人文背景，为我们研究历史提供重要的资料。

1.2.2　麻将的起源学说

从最初的类麻将的棋牌游戏的出现，到麻将的最初形成，历经了几千年。据史料记载，麻将的历史可追溯至三四千年前，但最终成熟于明清时期。麻将最早出现在奴隶制社会的上层社会中，经过几千年的发展与传播后，逐步在下层社会走向成熟，并形成我们今天所喜闻乐见的麻将游戏。但因为麻将的流动性与传播性，对于其具体起源，我们仍无法找到非常确切的答案，就连史料中也只是说麻将的起源为"据说"。关于麻将的起源，主要有：水浒起源学说、麻雀起源说、郑和出海起源学说、陈鱼门创造学说、农耕文明起源学说等。

一、水浒起源学说

明朝时期，有一位叫万秉迢的读书人在阅读《水浒传》之后，十分崇拜书中的108位好汉，便想用自己所喜爱的麻将牌来纪念这108位英雄好汉，于是创造了108张麻将牌。万秉迢设计的108张牌暗喻了《水浒传》中的108位好汉，每一张牌都对应一位好汉。《水浒传》中的英雄好汉来自五湖四海、四面八方，为了响应"五湖四海皆兄弟"的口号，又添加了东、南、西、北。而在梁山聚义的群雄中有贫有富、出身各异，因此又添加了中、发、白。发者是发财之家，中是中产之家，白是白丁、平民。打麻将胜者，嘴里说的是"和"，而不是"胜"或"赢"，这是为了纪念梁山好汉的头领宋江一心想被招安，想与朝廷求和，并不想打赢朝廷的理念。麻将中的万、筒（北方称饼）、索（北方称条）取自万秉迢名字中各个字的读音或者谐音。清代学者戴名世在《忧庵集》中也提到了万秉迢依《水浒传》创麻将之说。这一说法有一定的道理。首先，因为麻将的序数牌是108张，而且在麻将出现之前，风行于世的马吊牌皆绘有水浒人物，把二者放在一起解释，情有可原；其次，因为麻将中的序数牌分别为万子牌、饼子牌、条子牌，这一传说在解释这三类牌的时候，根据谐音的原理，就让人联想到万秉迢。这种联想既可以建立在真实存在的人身上，也可以建立在虚构的人身上。

二、麻雀起源说

据记载，明朝时期，皇家在江苏省太仓县有一个非常大的皇家粮仓，常年囤积稻谷，以供"南粮北调"。粮多自然雀患频生，故而每年都会因雀患损失不少粮食。管理粮仓的官吏为了奖励捕雀护粮者，便以竹制的筹牌记捕雀数目，并凭此发放酬金，这就是太仓的"护粮牌"。这种筹牌上刻着各种符号和数字，既可观赏，又可游戏，也可作为兑取奖金的凭证。这种护粮牌，其玩法、符号和称谓术语无不与捕雀有关。麻雀牌的三种基础花色的名字叫作"万、束、筒"。"万"即赏钱的单位，几万就是赏钱的数目。"束"即"索"，是用细束绳串起来的雀鸟。"筒"即枪筒，几筒则表示几支火药枪。此外，"东、南、西、北"为风向，故称"风"，在用火药枪射鸟时应考虑风向。"中、白、发"的"中"即射中之意，故为红色；"白"即白板，指放空炮；"发"即发放赏金，领赏发财。

另外，"碰"即"砰"的枪声。

三、郑和出海起源学说

　　同样是在明朝时期，郑和出海起源学说把麻将的起源和郑和下西洋联系在了一起。在下西洋途中，因长期在外漂泊，郑和船上的船员难免思乡心切，而船上没有什么娱乐设备。一方面为了稳定军心，另一方面为了让众将士适应海上的枯燥生活，郑和便发明了一种娱乐工具，即以纸牌、牙牌、牌九等为基础，把船上的毛竹做成竹牌，刻上图像文字。红"中"代表中国大地；竹牌上刻"发"，代表发财；由"一万"到"九万"的万字牌也代表钱财。船上的粮食以大饼和咸鱼为主，于是就有了"一饼到九饼"和"一条到九条"。因为行船靠的是风，便有了"东""南""西""北"风，"白板"则代表茫茫的大海。这一说法也有一定的道理。郑和在此很可能充当了"文化英雄"的角色，即称呼那些最先发现或发明种种文化成果，并将其技艺授予人类的神话任务的符号性和象征性人物。之所以把麻将的起源和郑和联系起来，也是出于文化心理的选择。而且把郑和的部队在海上的无聊和麻将的消遣性、娱乐性联系起来，也有一定的说服力。这一说法的出现，也是麻将和民间互动的一种表现。

四、陈鱼门创造学说

　　这一学说称麻将起源于清晚期。太平天国运动失败后，清朝一位三品大员在主持善后局时，以马吊牌、骰子和宋代三十二张宣和牌为基础，发明了麻将。而这位清朝三品大员就是宁波的陈鱼门，因此陈鱼门创造学说又称宁波起源学说。由于此学说中记载麻将的起源距今只有160年左右，大量文献也都记载了麻将是宁波人根据叶子格和马吊的基本花式和牌九的基本形式新创的一种骨牌博弈形式，而后由宁波传向四方；以及太平天国运动期间，陈鱼门主持善后局，与英国驻宁波副领事夏福礼交往甚密，常以打麻将为娱。此后，陈鱼门又到上海经商，更以打麻将为交际手段，将麻将传授给外国人。因此，陈鱼门创造学说这一说法还是有一定道理的。

五、农耕文明起源学说

这种说法认为麻将的形成是一个非常漫长的过程，在这个过程中，农民在农闲的时候依据农具、农作物创造了麻将。麻将中的"筒"就像一个谷仓的俯视图；"条"就像谷仓的侧视图，那一条条纹理就是扎谷仓用的绳子勒的凹印；"万"则代表数量。"一条"用幺鸡表示在当时非常令人讨厌的麻雀。这一学说体现了广大农耕者在农闲时追求娱乐休闲的情景，也在一定程度上体现了农业发展水平的不断提升，农民可以在闲暇时利用麻将进行娱乐。因此，这一说法还是有一定道理的。

1.3 麻将产生的背景、意义与内涵

1.3.1 麻将产生的背景

通过上述对麻将的起源的讲述，我们发现麻将的产生具有一定的政治、经济、文化背景。

政治：麻将最早出现在奴隶制社会发展的顶峰时期，之后从皇宫流传到民间，经过几千年的发展，最终成形于封建制社会发展的顶峰时期。

麻将的诞生是社会稳定的具体表现，地主阶级可以利用麻将享乐，农民阶级可以在农闲时利用麻将消磨时间，而这一前提就是当时的人民都不会为生活必需品而牺牲休息时间，社会足够稳定，各个阶级都能安居乐业。

经济：麻将里面的各元素都反映着农耕文明，麻将的诞生也体现了小农经济的不断发展——农民利用自耕收入安居乐业，地主利用土地赚得盆满钵满。也只有小农经济发展到非常高的水平时，农民才能利用有限的土地产出足以支撑生存的农作物，也才可以在农闲时发明并使用麻将来娱乐。

文化：麻将具有对抗性、公平性、对弈性，这包含了古代的天文历法以及儒家、道家、兵家、阴阳家等各家的哲学思想，也体现了中国群星荟萃的文化发展，对普罗大众产生了非常深刻的影响。麻将具有非常高的博弈对抗性及娱乐性，可见在形成时期，大众的民智已具有非常高的水平，同时，人们对生活的乐趣也有较高的追求。麻将的产生是多元文化交流碰撞的结果，商人、军人、士人、普通市民，乃至王公贵族都参与了这一游戏的创造。

1.3.2　麻将产生的意义

麻将的产生可谓我们生活中的一大进步，能够给我们的生活带来许多好处。具体可以表现在如下几个方面。

麻将可以修炼人的品性。麻将的规则具有非常强的哲理性和教育意义，所以麻将可以说是一项能修炼人品的娱乐活动。扑克有大小，"牌九""马吊"也分大小；但麻将中的牌面没有大小，每一张牌都具有相同的价值，而且每一张牌都可能成为胜负的关键。因此，参与麻将的过程时时刻刻都存在惊喜，这也体现了平等的原则。麻将是四个人的活动，缺一方都不行。同时，麻将的参与过程不可缺人、不可拖沓，因此要求参与者一方面要守时，另一方面要重承诺。同时，在参与麻将的过程中，可以看出玩牌者各自的性格特点与固有风格，正可谓"牌品如人品"。每个人的牌风与牌品都会从中得到淋漓尽致的体现，每个玩牌者总有大致的麻将模式与定式，可以充分表现他的个性：心急者好吃贪碰，沉稳者喜做门清，心雄者玩清一色，谨慎者爱跌倒和；有的偏爱自摸，有的偏爱碰碰和，有的偏爱做单钓……从成排的反应到摸牌的手法，对别人和牌时的反应，欲和牌而佯装尚未听张时的烟幕，长时间不和牌时的懊丧，对旁边看牌者的态度，以及是否喜欢慢慢摸牌、偷偷看牌等的神态，都使玩牌者的性情在这一过程中得到自然流露。因此，麻将也是对人性情的考验和磨砺。

麻将具有非常强的实用性。麻将是一个实施对抗的游戏，在这个过程中，有输有赢，运气、牌技都在输赢的过程中发挥着巨大作用。在参与麻将的过程中，我们往往会全身心投入。在这个过程中，我们既可以消磨时光，还可以缓解精神压力，同时培养高度的专注力。此外，打麻将还可以开发智力，考验我们的心理素质。

麻将还具有社交特性。我们既可以以酒会友，也可以以牌会友。麻将需四人参与，四人既可以是熟悉的朋友，也可以是从未见过的陌生人。但是在参与麻将的过程中，大家会在对抗中有很多交流，那么就可以在这个过程中通过交流或者展现人品、牌技来结交朋友。在多人参与的牌桌上，我们可以结交各类朋友。

1.3.3　麻将的文化内涵

　　任何游戏都是社会的产物，是一个社会文化的缩影。麻将既是大众娱乐的工具，也是一种文化，甚至有人称其为国粹。麻将被注入了诸多传统文化中的精华元素，有着深奥的理学思想和文化内涵。从某种程度上讲，麻将算是中国古代文化的集大成者，囊括了古代的天文历法以及儒家、道家、兵家、阴阳家等各家的哲学思想。麻将是中华民族优秀传统文化的代表，我们可以从麻将和麻将活动中了解中国的优秀传统文化，进而懂得麻将经久不衰的原因。

一、儒家思想

　　儒家提倡"从心所欲，不逾矩"的思想，而麻将游戏能很好地体现这一点。比如，玩家在打麻将时可以不考虑别人的感受，从自己内心出发，只要在规则之内出牌，玩家就可以全凭心意。儒家思想的核心是"和"，强调不同思想观点和利益之间的协调。麻将中的"和牌"也是一场游戏的最好结局。玩家必须把牌优化组合，达到有序的"和牌"境界。儒学讲求公允平等，麻将本身也对此体现得较为充分。更为独到的是，由114张组成的一副牌中，每张牌身价平等、作用相同，相互之间没有大小、主从、尊卑、好坏之分。只有将特定的成套成组的牌组合在一起，才能和，这与人们追求团结、"人和"的理念相符合。儒学倡导的是"中庸之道"，教育人们在"忠恕"的原则下，提高人性修养，正所谓"己所不欲，勿施于人"。入局者的水平、心态和气势，都能反映入局者的心性，即可以通过牌品来观察一个人的人品。尽管牌桌上风云变幻、暗藏玄机，有的人却沉着冷静、处变不惊，胜不骄、败不馁；有的人急功近利，输赢还未见分晓，自己却先乱了阵脚。

二、兵家文化

麻将作为一种实战性很强的娱乐工具，要求游戏者还要有兵家的思想。在游戏中，如调张、疑牌不打、隔巡如生张等，都融入了兵家思想，至于游戏中的猜牌估张等现象，无不体现了游戏者的斗智斗勇。通晓麻将的人都知道，麻将的舍牌要根据牌面和牌桌上的变化来制定对策及战略战术，做到看上家、防下家、盯对家。在麻将桌上，两两相对，各自为战，就像一个小型的模拟战场。在打麻将的过程中，人们之间互相防范，但在某一方做极大的牌时，另三家又可暂时联合起来，共同阻止其"得逞"。如此种种，都体现了兵家思想。

三、阴阳家的哲学思辨

阴阳家文化中的哲学思想主要以五行说为代表，认为世界是由金、木、水、火、土等最基本的物质组成的，和方位相配分别，为东方甲乙木、南方丙丁火、西方庚辛金、北方壬癸水、中方戊己土。而中国古人又认为宇宙形态是天圆地方，因此，"白"代表地；"发"代表天，"发"是人的最顶部，所以用"发"代表天；"中"既代表中的中方土，也代表天、地、人"三才"中的人。正是"中"的确定，使东、西、南、北、中和天（发）、地（白皮）共同构成一个真正的天圆——这个天圆不是地球的圆，而是宇宙的圆。

四、数理规律

麻将牌中的万、饼、条3种花色，分别反映了物质的存在形式，数字则代表了物质存在的数量。在中国古代思想中，3为基数，9为极数，因此万、饼、条分别有9张，这是3的规律。五行、五味、五脏、五色等是和5有关的规律。还有很多和12有关的规律，如十二生肖、十二时辰、十二个月等。这种思想在麻将中也得到了充分的体现。144是12的平方，108也是12的倍数。在麻将规则中，每个人在一开始需要抓13张牌，四个人就是52张，四人合起是52张牌，也暗含了一年有52个星期这一人类社会的时间规律。

五、美学观念

麻将中同样蕴含古人对美学的追求。一牌一式皆暗含了我国古代传统文化的诉求。以"花牌"为例，梅、兰、竹、菊占尽春、夏、秋、冬，被人称为"四君子"中的"梅"表示高洁傲岸，"兰"代表幽雅空灵，"竹"象征虚心有节，"菊"则暗示冷艳清贞。"中、发、白"这3张牌就寓示着"中正""发达""纯洁"，体现了中国人对美好生活的向往，展现了我们中国人特有的美学思想。

1.4 麻将的传播与发展

1.4.1 传播与发展

麻将产生并发展于中国，被视为国粹。麻将最早在国外流行的时间可追溯至20世纪20年代。1920年前后，美国商人巴布考克（Joesph Babcock）将麻将从上海带到美国。他写了一本小册子，统一并规范了麻将的英文术语，取"麻将"的英文名为"Mah-Jong"，并拥有版权。仅就美国的流行盛况来看，1922年，131 000多副麻将销售一空，售价高达一副500美元。1923年，麻将的年销量猛增到150万副，当时美国有1 500万人玩起了麻将，其中大部分是家庭主妇。1930年左右，打麻将已成为加州地区家庭主妇消磨时间最主要的方式之一。

在巴布考克将麻将带到美国后的几年，麻将又传入了欧洲。20世纪20年代，美国、英国和澳大利亚都兴起了麻将之风，上至王公贵族，下至工人商贩，都对麻将痴迷不已。

对于麻将在欧洲的发展，麻将传入欧洲的第一站——荷兰作出很大的贡献。20世纪20年代，荷兰曾经成立一个麻将团体的组织，但是因为对规则的不熟悉，这个团体很快就解散了。但是当地的人们仍没有停止打麻将，直到20世纪90年代初，一家名为"第一荷兰麻将社"的俱乐部为他们早期的比赛制定了一系列麻将规则，而这些规则基本上是以巴布考克传到西方的麻将规则为基础的。这项荷兰当时唯一的麻将比赛被称为荷兰冠军杯。这在很大程度上推动了麻将在世界的传播。现今，麻将的身影已经出现在全世界，其中虽有华人的传播，更重要的却是麻将本身的魅力。

作为中国的"邻居"，日本也是麻将在海外"根据地"的重要一站。麻将在日本的传播可追溯至1924年。得益于麻将在报纸上的传播，日本民众开始接触麻将，之后一发不可收拾。加上同属于儒家文化圈，日本民众对麻将的认识并没有障碍。1925年，麻将已成为日本各大城市民众休闲娱乐的重要方式。

2005年，荷兰麻将爱好者成立了"荷兰麻将协会"。随后，欧洲各国麻将协会纷纷涌现。就在同一年，澳大利亚、丹麦、法国、德国、匈牙利、意大利、荷兰等7国麻将协会倡议在丹麦注册成立了欧洲麻将协会，并于当年举办了第一届欧洲麻将锦标赛。

2011年，美国举办了首届北美麻将冠军联赛。这是麻将在国外发展的里程碑。此次比赛吸引了来自世界各地200多名麻将高手参赛，麻将因此正式成为一个世界性棋牌游戏。该协会还决定，今后每年都将举行联赛。这也成为世界各地麻将爱好者的福音。

1.4.2　麻将的特色及变化

麻将经过几千年的发展，现已成为非常成熟的游戏运动，不仅具有独特的游戏特点，而且是集益智性、趣味性、博弈性于一体的运动。麻将的魅力与内涵丰富，蕴含底蕴悠长的东方文化，因而成为中国优秀传统文化宝库中的一个重要组成部分。现今，麻将在中国广大的城乡十分普及，流行范围涉及社会各个阶层、各个领域，已经进入千家万户，成为中国最具规模和影响力的智力体育活动。提及麻将，可谓无人不知，无人不晓。很多人可能不了解麻将的具体规则，但一定知道麻将是我们优秀传统文化的一个重要组成部分。

现代的麻将主体部分共通，地域特色明显，主要表现如下。

◆主体部分共通

麻将的参与人数、牌的数量、牌式的构成除了少数部分的特色外，这3点各地基本一样。麻将的参与人数为四人，一副完整的麻将牌共144张，包括字牌、数牌、花牌。其中，字牌和数牌一共136张，花牌8张，花牌根据规则情况决定是否使用。

◆ 地域特色明显

我国各地都流行具有当地特色的麻将规则，麻将在海外传播与发展之后，也演变出当地的特色规则。而规则是所有特色中差别最大的。如今在规则方面，比较规范的体系包含三大类，分别是竞技规则、地域规则、非四人麻将规则。竞技规则就是在麻将的国际大赛上，为了统一玩法，让参与者在一种模式下参与竞技而使用的规则。当代麻将的三大竞技规则为中国的国标麻将规则、日本的日本麻将规则与关兆豪先生创立的中庸麻雀规则。这三种规则将麻将的竞技要素放大、赌博要素缩小，逐渐变成正统的棋牌竞技项目。地域规则指各地流传的具有地域特色的规则。据不完全统计，我国现有麻将地域规则上百种，国外流行的规则也有很多种。其中，国内比较出名的是四川麻将、台湾麻将、北京麻将、河南麻将；海外比较出名的是日本麻将、荷兰麻将。非四人麻将规则指三人或两人一起玩的麻将规则，其主题还是围绕四人麻将规则演变而来的。

今天的麻将跟古代的相比，发生了非常大的变化，主要表现如下。

◆ 麻将参与人群扩大，游戏更加平民化

在当代，农民、工人、学生、白领、知识分子都参与这一游戏，远远超过古代的参与群体范围。造成这种现象的原因有很多，其中包括社会的演变和游戏本身的演变。但其中最重要的原因，是游戏的平民化。

◆ 游戏地点发生很大改变

据文献记载，古代打麻将的主要地点为青楼、赌馆，抑或在家中。现在打麻将比较普遍的是由专供人们打麻将的茶馆、棋牌室，甚至一些

公园也专门提供打麻将的地方。诸如家中、海滩、天台等任何能提供四人坐台的地方，都可以打麻将。

◆影响范围发生很大变化

在古代，麻将主要在我们国内传播发展，其影响范围主要在国内。如今，麻将早已在世界上广为传播，从20世纪20年代传至美国，在欧洲、美洲、亚洲广为传播，成为人们休闲娱乐的重要手段。而且，当前世界上已经有非常出名的麻将团体和国际赛事。可见麻将已经从真正意义上走出国门，走向海外，并影响世界了。

1.5　正确认知

现代人对麻将褒贬不一，很多人称赞麻将，认为其是一种伟大的发明，主要表现为如下几点。

◆消磨时光，帮助我们度过闲暇时光。

◆能够给自己减压，让自己的身心得到放松。

◆检验与锻炼心理素质，有利于人际交往，促进与亲人朋友的感情交流，同时能广交朋友。

◆经常动脑，可以让脑细胞处于活跃的状态。年轻人可以借此益智，老年人可以借此预防老年痴呆。

也有很多人对麻将持反对的态度，认为其有很多危害，主要表现为如下几点。

◆久打麻将，浪费时间。

◆久坐不动，损害身心健康。

◆久打成瘾，会导致人精神萎靡不振，因此影响工作、学习和生活；青少年沉迷其中，容易意志消沉，精神颓废，记忆力减退。

◆聚众打麻将，干扰邻里生活，影响团结，不利于和谐社区的建设。

◆麻将成为赌具，贻害无穷，小则让人损失时间、金钱，大则让人倾家荡产、危害社会安全。

我们应该理性地看待、使用麻将，麻将从形成之初发展到现在，都是一种娱乐工具。麻将本身没有危害，合理利用会带来好处；然而一旦使用不当，必然会对我们的工作与生活产生非常大的负面影响。

修炼牌技，先修心。能够打好麻将的人，一样可以处理好生活当中的很多事情，这也是大家喜欢打麻将的一个原因。麻将确实是透露着人性，如人生一般。能够打好麻将，你就可以做好生活当中的很多事情。牌品即人品，时刻要提醒自己以和为贵，和气生财。这就是我们前面讲的麻将作为一种娱乐方式，没必要把麻将当成你的全部。我从来不主张任何人把麻将作为自己的主业，即使你能够靠麻将小赢一点，或者能够靠麻将获得丰厚的收入，也没有这个必要。人要做正事，走正道，君子爱财当取之有道，但是热爱麻将中博弈的乐趣，又是另外一回事。博弈的乐趣在于我们合理地利用自己手里的资源，即使我们拿到一手烂牌，但到最后，我们能够把整手牌拖到战局尾部，甚至只是小输一点，就是非常有成就感的事情。这也是大多数牌友热爱麻将的一个原因。

第二章

麻将术语词汇略解

2.1 麻将术语词汇

◆ **门风**

牌手每盘坐位的标志。庄家为东风，下家为南风，对家为西风，上家为北风。

◆ **令风**

开局后的第一圈为东风令，第二、三、四圈分别为南、西、北风令，叫"令风"。

◆ **圈风**

每局比赛圈数的标志。第一圈为东风圈，第二圈为南风圈，第三圈为西风圈，第四圈为北风圈。

◆ **圈**

四人各坐一次庄为一圈。

◆ **盘**

每次起牌到和牌或荒牌为一盘。

◆ **定庄**

利用掷骰、抽签或翻牌（东、南、西、北）等方法，确定坐东的位置为庄家，由东家第一个掷骰和开牌。

◆ 庄家、旁家

门风东者为庄家，其余均为旁家。

◆ 轮庄

一圈中，四位牌手轮流坐庄一次为轮庄。

◆ 连庄

传统打法规定，庄家和牌可以连续坐庄，连庄次数不受限制，只有当旁庄和牌，庄家才可下庄。

◆ 行牌顺序

简称"牌序"，依座次的逆时针方向进行抓牌、出牌、吃牌、碰牌、杠牌、补杠、和牌。

◆ 行牌

从开牌至和牌之间的过程，即打牌过程。此过程包括开牌、抓牌、出牌、碰牌、开杠，直至和牌。

◆ 抓牌

又称摸牌。牌手从牌墙上取牌，开牌后轮流取4次，前3次每次取一摞后，庄家跳牌取2张，其他牌手各取1张。

◆ 跳牌

又称跳张。每盘开牌，庄家第4次抓牌是连取2张，中间隔1张。

◆ **理牌**

牌手抓满13张（庄家先抓14张），为看清自己牌的花色和便于取舍而进行分类整理。

◆ **吃牌**

上家舍出的牌能与手牌中的2张牌形成一顺牌，这时即可报"吃"。同时，这2张牌组成顺子后亮于门前，然后舍出1张牌。

◆ **碰牌**

别家打出的牌刚好与手牌中的一对牌一样，报"碰"后可形成一刻牌。

◆ **杠牌**

报"开杠"的4张相同的牌。

◆ **明杠**

别家打出一张与自己手中的暗刻相同的牌，即可报"杠"（不再计暗刻）；或者抓进一张与已经碰的刻牌相同，也可报"开杠"。

◆ **暗杠**

自己抓进4张相同的牌，即可报"开杠"，暗杠的牌应扣放在自己立牌前。

◆ **听牌**

只需要1张牌，即可和牌的牌势状态。

◆ **和牌**

也称胡牌，指手牌14张全部都形成完整组合。

◆ **报听**

听牌之后，立即宣布，把牌扣在桌上，不许再动牌，自摸和捉炮都可以，报听者和牌后要加分。

◆ **天和**

庄家开牌后抓满14张牌就成和。

◆ **舍牌**

亦称出牌或切牌，指抓牌或吃、碰、杠牌后，必须向外打出1张牌，使手牌保持规定的张数。

◆ **点炮**

即放炮，舍出的牌使别人成和。

◆ **抢杠**

抢和别人补杠牌。

◆ **对杵**

指2副不相同的对子，只要得到其中任何1张相同的牌，便可以和牌。

◆ **杠开**

指开杠后从杠上抓牌，形成和牌。

◆ **牌墙**

指4道牌墙左右相互连接围成的四方区域。

◆ **字牌**

指风牌和箭牌。风牌为东、南、西、北；箭牌为中、发、白。

◆ **花牌**

指春、夏、秋、冬、财神、聚宝盆、猫、鼠（或梅、兰、竹、菊）8张牌。

◆ **幺九牌**

指序数牌中的一、九及字牌。

◆ **经线牌**

指序数牌的一四七、三六九等各组牌。

◆ **中心张**

指序数在中间的牌，如三、四、五、六、七等序数牌。

◆ **搭子**

指2张相连或间隔1张的序数牌，如一万与二万、四条与六条。

◆边搭

指需要边张的搭子，如一万与二万、八筒与九筒等边搭。

◆卡搭

指需要卡张的搭子，如二条与四条、六万与八万等卡搭。

◆将头

也称将牌、眼、麻将头。按基本牌型和牌时必须具备的单独组合的对子。

◆副

3张同花色序数相连或相同的牌，将牌也称副。

◆顺子

3张同花色序数相连的牌。

◆刻子（坎子）

3张相同的牌。

◆手牌

摆在自己门前的牌为手牌，包括立牌和已亮明的牌；手牌标准数为13张，开杠多出的牌及补花不计算在13张标准牌数内。

◆ 单张

留在手中不成对、不成副的单独的牌。

◆ 孤张

与自己手中和外面已亮明的牌没有任何关系的1张牌。

◆ 生张

没有亮明、较生疏的牌。

◆ 熟张

与已亮明的1张或2张牌相同的牌，或与已亮明的牌相关的几张牌。

◆ 追熟

又称随熟，跟着别人打熟张。

◆ 卡张

又称嵌张，组成一组顺子的中间那张序数牌，如一万与三万，当中的二万即卡张。

◆ 碰张

一人打出牌，另一人可以报"碰"的牌。

◆ 边张

有一与二或八与九2张序数牌，与自己抓到或上家打出的三或七序数组成一副顺子，三或七序数牌就是边张。

◆顺张

一副搭子两边可吃的牌，如二万与三万构成顺搭，一万或四万是其顺张。

◆靠张

有相连和相靠作用的牌。

◆尖张

牌面上没有出现叫生张，如果是生张，又是中心张，则这样的牌叫尖张。

◆上张

又称进张或要张，指抓进了自己需要的牌。

◆对子

2张相同的牌。

◆喂张

打出被别家吃进和碰出的牌。

◆牌型

泛指约定俗成或竞赛规则中限定的2张牌、3张牌，或全副的形态。

◆牌势

指手牌的变化趋势，既可能有一种变化趋势，也可能有多种变化趋势。

◆相公

因疏忽造成多或少一张牌的称为相公，当了"相公"则不能和牌。

◆一上听

只要获得1张所需要的牌，便可以进入听牌的状态。

◆两上听

只要获得2张所需要的牌，便可以进入听牌的状态。

2.2 麻将牌谱词汇

麻将源远流长，为广大群众所喜爱。亿万人在亿万次实践中，总结出许多取胜的基本经验，并用生动而概括的语言将其表达出来，集中在历代的牌谱中。现我们将精心筛选、收集的这些俗语谱汇一一列出。如果读者能认真领会，并牢记在心，运用于实战之中，定能获得胜利。

◆头不吃

别家打出的第一张牌不吃不碰。起手配牌一般比较杂乱，如果别家打出头一张就开吃开碰，那么之后就没有回旋的余地。

◆控边张

尖张牌三和七可谓组牌中的要牌。能迟舍出则绝不早舍，在别家求尖张无望时拆舍边搭，从而破坏其布局。

◆痴必败

凡是只醉心做大牌，而不肯随机应变和小牌的，最后必然失败。

◆不可妄碰

初学者往往有逢对必碰的心理，每碰一次，便缩小了作战范围一次。碰牌往往会使符合搭子的牌拦腰折断，因而失去联络，增加组牌困难。

◆兵不厌诈

在麻将竞技中适当运用心理战术，扰乱对手思路，引诱对手上当，从而使自己胜出。

◆以和为贵

能和即和，可以树立自己的信心，动摇别家做大牌的信心，从而使自己立于不败之地。

◆死顶自败

舍牌不惜牺牲手牌组合，以一味顶住下家，于自己和下家都不利，而其他对手可能因此"渔翁得利"，最终难免导致自己失败。

◆ 不贪不险

只要不贪图高番值和牌，点炮的风险就不会太大。

◆ 金三银七

形容三与七序数牌在麻将组牌中的重要性。

◆ 病牌不出门

病牌指绝对危险的牌。手牌中有这样的牌，即使会影响做牌与和牌，也宁存不舍。

◆ 乱牌忌吃碰

配牌凌乱不堪，单张过多，即使多次吃碰，也不能达到和牌的最低规定番值，这种情况下最好多抓牌，调整牌势和做牌方向。

◆ 攻守要得宜

攻和守是相对而言的。当自己配牌好、抓牌时，可采取攻势，甚至可以不理会别家的做牌。如果配牌不理想，进张困难，未舍出的生张很多，那么这时可采取防守策略，顶、扣，不随便打生张。

◆ 上碰下自摸

这是一种机遇牌。上家开碰，下家多摸一张牌，在成和时，因上家碰的次数多，自己摸牌的机会多，往往能够自摸成和，因此，人们这样称呼这种机遇牌。

◆四连拆熟头

为保证牌副基础，对摸进形成四边面的牌，势必打出1张，并且要注意追打一路熟。

◆留生宁拆搭

各家牌局进入听张阶段后，生张是很难打出去的，因此要根据自己成和希望的大小而定。如果成和希望太小，那么抓进生张宁可不打，而是拆搭追熟，以免点炮。

◆迎上盯对顶下

想方设法地吸引上家打出自己需要的牌，时时注意对家的动态，对下家要控制，尽可能不打出下家想吃的牌。

◆对倒不如一嵌

从概率来讲，供对倒成和的牌有4张，供嵌张成和的牌有4张，这样看，似乎对倒成和较为容易。在实战拆搭子时，一般人都不愿意拆对。对倒可以是两门牌，但是分散，容易被对手扣住；而嵌张听是一门牌，较为集中，因此一般不会被对手全抓上手。

◆双数兜搭不如单

在序数牌中，当有单数三和七时，任意进张都可与之兜搭；而序数双数中，无论哪2张牌组合，都不可能全部兜搭。

◆顺勿骄，逆勿躁

求牌顺利，力戒骄傲和粗心大意；行牌不顺利，力戒烦躁不安和灰心丧气。

◆骗非骗，奸非奸

这里的"骗"和"奸"指对麻将技术和战术的运用，真真假假、虚虚实实，从而诱惑别家上当，使其判断失误。

◆稳为高，和为贵

不轻易吃牌、碰牌或开杠，稳重行牌，尽量不过早暴露牌力和意图，使对手难以捉摸。不错过和牌机会是最重要的。

◆大和险，小和淹

想和大牌有一定艰险，随随便便和小牌，往往会失去和大牌的可能性。

◆看牌看人，看人看牌

在行牌过程中观察对手的性格、习惯，以及牌技运作特点，以便判断其组牌习惯、牌力、牌势和主攻方向。

◆牌技知通，牌势如风

精通打牌的人，其战术必然运用自如，战法居于他人之上。在舍牌和组牌的过程中，任何一种配牌牌势都能进行很好的调理，克服困难，去和牌，势不可当。

◆ **上家不打，下家不摸**

　　有的牌手喜欢在上家还未舍牌时就去抓牌和审牌（看牌），如果别家要碰出，就改变抓牌顺序。别家抓进这张牌后，你也知道这张牌是什么，反而对别家不利。

◆ **牌不顺要养，心不顺要稳**

　　行牌不顺利要"养牌"，意思是暂时不要硬做大牌，不要急于吃或碰牌，要平心静气、顺其自然，能小和就和牌。心情不佳时，打牌要稳重，别轻举妄动。

◆ **打熟不打生**

　　进入危险牌，舍牌宜舍熟张，绝不率先打出生张。

◆ **扬黑抑红胜行家**

　　对局中如能抑制胜者，扶持败者，牌终必胜无疑。众多行家里手往往在实战中，千方百计地牵制牌旺的一家或连庄者，从而放松对小和败家的警惕，以压胜者的旺顺之风。

◆ **红黑我自任之**

　　无论胜败，必须奋斗到底，持之以恒。不可胜时得意忘形，败时气馁寻事。

◆ **入局顾三家**

　　在打牌过程中，不能只顾自己的手牌，应随时掌握另外三家的牌势，采取相应对策。

◆ 避重就轻亦为胜

自己没有和牌希望时，应尽量避开做大牌的一家，放张给小牌者和牌，能完成此点，失分自然就少，实算为曲折作战之一术也。

◆ 摸牌随手放

对于刚摸入的牌，不要马上插入竖牌之内，宜先放置一侧，等舍牌切出之后，尽量在三家不注意的情况下再插入竖牌中。

◆ 控边张

尖线牌三与七是边张的专用牌，可谓要牌中的要牌，能迟出一巡，绝不早切，从而迫使下家拆舍边搭后再切。

◆ 扣搭双不如单

有了三或七，无论进张任何同色牌，都能组成面子；而任何2张双数牌，就不能这样灵活应变了。

◆ 开局看三张

指推测别家的牌，并非从自身的牌入眼。

◆ 先打无吃

乃牌技中一种逆行的手法。明知某家需要某一张牌，在他未组成面子前及早切出，使其欲得不及。

◆**有局望大，无局望快**

　　能做的牌可按牌姿去计划做牌，以求和出大牌来；如不能做的牌，无论番和多少，只图快听快和。

第三章

麻将的基础理论
（理论篇）

3.1 麻将基础理论

学习麻将跟学开车是一个道理，大家需要先学理论。千万不要觉得学习这些理论非常枯燥，理论是支撑我们后面整个体系的基础，如果基础打不牢，后面运用时就会地动山摇。希望大家都能够静下心来一步一步地往前学习。下面我们要讨论的第一个问题：影响麻将胜负的因素到底是什么？

关于麻将的打法，相信大多数玩家都思考过这个问题，但得到的答案是不一样的，1 000个麻友可能就有1 000种想法，也就有1 000种思路。笔者在这里给大家进行总结。在麻将当中，我们将影响胜负的因素概括为四个方面，并将其总结为"麻将四三二一定律"。

图3.1.1　麻将四三二一定律

◆ **第一个因素是技术**

技术是影响麻将胜负最为重要的因素，是以上金字塔结构的底座，也是最为基础和核心的东西。我相信这一点应该是大多数人都认可的。如果你的技术不好，偶尔可能会靠运气赢得一两场，但是从长期来看，你肯定是一个大输家。因此，技术是保证我们不输或少输的前提，是保证我们把牌打正确的最重要的一个指标。在本文后面，我们会花大量篇幅给大家讲关于技术方面的知识，将其比重设为40%。

◆**第二个因素是心态**

　　心态在麻将的胜负影响因素当中也非常重要，在打好麻将的过程中，将其比重设为30%。那么，什么样的心态才是好心态？希望大家能够拿笔记下来，那就是三个字——平常心。什么叫作平常心呢？胜不骄，败不馁；不以物喜，不以己悲。修炼牌技要先修心，如果你的心态不好，即使有再好的技术，可能也发挥不到极致。真正好的心态，应该是自信而不自负，轻松而不放松。为什么这么讲？打麻将，要在气势上碾压别人，所以我们需要自信，但是千万不能自负，正所谓"骄兵必败"。轻松而不放松，是什么意思？轻松就是我们整个人的精神状态要很轻松，不能过度紧张；但是也不能放松，因为太放松容易打错牌，容易处理不好一些简单的牌型。

◆**第三个因素是自律**

　　自律其实是两个层面的意思。一是自控力。简单地理解，自控力就是当我们不想打的时候，当我们感觉那天状态不好的时候，能不能及时地停下来，及时止损。或者当我们心中有事的时候，这个时候牌友的电话来了，想邀请我们去打牌，我们能不能先把自己的事情处理好再去打？因为大家要知道，当一个人心里面装着事情时，是做不好别的事情，更是打不好麻将的。因此，这一点就体现了我们的自控力。二是规律。我们要善于总结和发现自己在麻将实战过程当中的规律。举个例子，时间的规律，我们适合打几个小时麻将，比如我们总结一下，打5小时以内的牌局时，我们比较容易赢，就要坚持这么打。因为麻将的本质是概率论，时间拖久了，战局拖长了，你可能会由输家变成赢家，也有可能从赢家变成输家。但是经过总结，可以知道打牌几个小时是你的最佳战斗时长。如何选择牌友？我们适合跟什么样的人打，是话比较多的或者话少的？是男的还是女的？这些规律都是可以总结出来的。总结出一套符合自身的规律之后，我们就要去坚持。

◆ 最后一个因素是运气

运气是一个不可排除的因素，但是为什么我把它所占的比重为10%呢？当为一个麻将高手之后，运气对你的影响其实是非常小的。当我们把牌局的场次拖长之后，你会发现运气在其中是最公平的一个因素。风水轮流转，今天你好，明天他好，后天我好。所以在教学实践当中，我很少讨论运气这个因素，因为运气是公平的，每家都会有，但我们的自律心态和技术是各有差异的。这就决定了当运气好的时候，如果你前面三项因素都做好了，那么你就会成为大赢家。反过来讲，如果你前面三项因素都做不好，那么即使你运气再好，也可能是一个小赢家。但是当运气差的时候，你可能就是一个大输家。尽管技术、心态、自律都做好了，但当运气不好的时候，你也可能是一个小输家。

总体来讲，因为我们要稳中有胜，是一个正向收益的玩家，所以影响麻将胜负的因素一定是一个综合的因素。打不好麻将的原因，大家可以从这几个方面进行查找，对照自身，就知道自己的问题出在哪里。千万不要输了就全怪运气不好。如果输了全怪运气，那么你永远都不可能成为一个合格的麻将高手。所以这个观念一定要转变过来，这也是我把这个知识点放在第一节的原因，这一点是非常重要的，大家只有发自内心地认同，才有可能做好接下来的事情，包括后面讲的逆风局等。后面章节的所有麻将知识都是建立在麻将四三二一定律下的，所以认同这个定律是我们学习麻将的前提。所谓"大道至简"其实真正高深莫测的道理用那么几句话就能够理解了。你所培养的其实是一种战略思维。我希望跟着教程学习的玩家也能够提升自己打麻将的战略思维，战略一定远远高于战术的，大家一定要有这样的一个观念。

3.1.1 麻将攻守之道

◆ **第一，麻将牌局犹如战场，当量力而行，不能一味地进攻或防守。**

麻将当中的攻守之道存在于麻将战局的始终。麻将当中存在进攻和防守，什么叫进攻？进攻就是我们往听牌和和牌的方向走，比如我们起手一把牌拿上来后，这把牌比较好，进张也比较顺利，每个人都希望能够快速拿下这一局，那么我们把这种打法称为进攻。防守又是什么意思？防守就是我们自己不想赢，而且我们要去限制对手赢的速度或者步伐，这种打法就称为防守。麻将牌局犹如战场，当量力而行，不能一味地进攻或防守。

◆ **第二，起手定攻防。**

大家打麻将的时候要养成起手定攻防的习惯，很多玩家是埋头打麻将，手牌拿上来后，不管是好是坏，都是一味打进攻，一味地想要赢，想要听牌和和牌，但其实这个思路是错误的。所谓量力而行，就是我们要根据自己的手牌来。手牌拿上来后，我们肯定知道这手牌是好还是差，那么如果我们的牌处于较差的情况，就不要贸然地去进攻。如果这个时候去进攻，相当于在助攻对手，加速对手的听牌。举个简单的例子，我们要想往听牌和和牌这个方向走，但手牌又很烂，这个时候必定要打出一些不需要的牌、一些生张。打生张出去，刚好又是别人需要的牌，麻将牌局当中就是这么巧，你不需要的牌往往就是别人需要的。所以当打出自己不需要的牌的时候，对手需要了，碰了你的牌，他就加速了自己的听牌。结果对手已经听牌和和牌，你还没听牌，这有什么意义？到最后，你自己往听牌和和牌这个方向去奔跑的时候，别人已经到达终点，就没有任何意义了。因此，我们一定要把思维转变过来。

◆ **第三，牌不顺要养，心不顺要稳。**

对于养牌的章节，后面有不少战术打法会详细讲解，这里就不再多讲了。心不顺要稳，就是我们要稳住心态。在逆风局当中，我们要稳住心态，这个就是麻将的攻守之道。大家不要觉得打麻将是一件很简单的事情，它是充满艺术和哲学的。

3.1.2 麻将常见雷区

所谓雷区，就是你不能做的事情。如果你违背了这些规则，那么学习再多技巧也没有用。

第一，凡事要多留一个心眼，千万不要做毫无心眼的朋友，这样容易沦为别人"杀猪"的对象。

这个就不用我过多地解释了，麻将牌局斗智斗勇，凡事得多加小心，千万不要做那种只知道埋头去打；不管谁叫你，你都敢坐上桌子去打；不管什么样的牌局，你都敢去打的玩家。

第二，牌友的选择非常重要。也就是刚才我所说的那句话，不是什么样的人，你都可以跟他玩的。

这个在后面章节，我会给大家详细讲，什么样的牌友不能在一起玩，以及我们选择牌友的标准是什么。

第三，失败了，要多从自己身上找原因，多总结、多反思、多学习、多请教。学习是这个世界上投资回报率最高的一件事情。正所谓"听君一席话，胜读十年书"。

第四，一定要防作弊。

这个也不用多讲了，如果说你的牌友当中有人作弊，那么不论你有多好的运气，有多高超的技术、多好的心态、多自律，都没有用。

3.2　麻将各类搭子对于牌型的价值判断

麻将的实战过程是一个从无序到有序的排列组合的过程，熟悉掌握每一类搭子对于牌型的价值十分必要。在打麻将的过程当中，我们要把自己需要的牌留下来，把自己不需要的舍出去。因此，在取舍之间就需要我们明确地掌握每一种牌型的大致价值，以便于我们在实战的过程当中能够快速做出反应，做出最有利于自己的决策。实战时节奏都是比较快的，如果你没有做到熟能生巧、烂熟于心的话，可能在当时就会反应不过来，甚至会出现打错牌的情况。这也是很多麻友容易犯的一个错误。

因为各类牌型都会随着牌局的不断变化而产生变化，并不是说一个搭子的价值是高的，它的价值就会从头高到尾。麻将牌局是千变万化的，所以我们时刻都要树立一种动态的变化的思维，这样才能够成为真正的高手。

麻将各类搭子的价值。在麻将的实战过程当中，我们的搭子一共分为四类：第一类是两面搭子，是因为它可以从两边进张；第二类是卡张搭子；第三类是边坎搭；第四类是边搭。

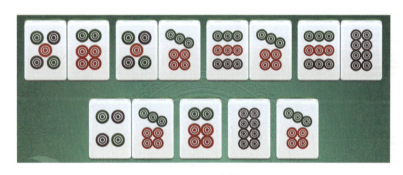

图3.2.1　各类搭子

其实这个非常好理解，因为每一类牌的进张是不一样的。首先，第一个两面搭可以从两头来进，所以它的进张效率相对较高。第二类是卡张搭子，顾名思义，它是从中间进牌的，但是大家会发现我们的卡张其实也可以从两边进牌，优化成一个两面搭子。比如五七筒，如果说能够摸来四筒，二者就会形成一个两面搭；而摸来八筒，也会形成一个两面搭。第三类是边坎搭，比如七九筒，进的就是八筒，但是只能从一边把它优化成两面搭子。也就是说，七九筒要变成两面搭子的话，就必须先摸来六筒，然后才能进五八筒。第四类是边张搭子，它是由2张边牌所组成的，也就是由一九、二八这样的边缘牌组成。那么麻将当中的边搭就有八九筒和一二筒，但是唯一可以进的张一张牌就是七筒或三筒，只有摸来七筒或三筒后，才能够形成一副完整的成牌。由于进一张牌之后并不能把它优化成两面搭子，因此麻将搭子的价值从高到低，依次是，第一类为两面搭，因为可以从两边进牌，进牌效率高；第二类是卡张搭子，可以从两边进牌优化成两面搭子；第三类是边坎搭，进的是一张卡张，但是它可以从一边进牌优化成两面搭；第四类是边搭，它只能从一边进牌优化成一副完整的成牌，并不能够优化成两面搭子。因此，通过这样的分析，各类搭子的牌型价值就非常明显了。

在麻将的实战过程中，如果说要拆它的话，我们肯定要拆掉优化空间小的。这个就是麻将拆搭的原则，即优先处理我们手中不好优化的搭子。

在手牌需要拆搭的时候，如果还有一些孤张、单牌没有处理，那么在麻将实战的过程当中，舍牌和拆搭的顺序应该是什么？如何把握这个顺序？我们先打什么后打什么？在拆搭的时候，大家务必要知道哪一个搭子优化空间小，哪一个搭子优化空间大。大家比较容易犯的错误是边坎搭和卡张搭子，大多数人觉得貌似都是进一张牌，但是并未考虑后期优化的问题，这是新手常出现的问题。新手往往只能看到都是进一张牌，但其实其中存在很大区别。

当我们掌握各类搭子的价值后，接下来就要学习一个概念，即在麻将实战中，我们自己的出牌顺序是怎样的，别人出牌的顺序是怎样的。只要我们主打进攻想要去听牌和和牌，那么打牌的顺序大概就是这样：首先，我们都会打出字牌；然后打一九、二八这样的边牌。正常来讲，我们打麻将的顺序都是先打字牌，再打一九等边牌，最后处理我们手里面的孤张。

掌握麻将打牌的一般规律对我们判断搭子的价值有什么用？这里给

大家举个例子，比如我们手里有五六万的搭子和二三筒的搭子，那么这个时候我们的手牌是六搭需要拆掉一搭的情况。此时，我们到底选择拆哪一个？

图3.2.2 拆牌的选择

第一个非常重要的因素是要看河里面的出牌情况。那么大家考虑一下，五六万需要的是四七万，二三筒需要的则是一四筒。那么四七万都是属于中张中心牌，二三筒需要的是一四筒，而一四筒属于边缘牌。早期，别人都比较容易打出我们的边张牌；而到了中后期，别人一般就不容易打出我们的边张牌了。根据这个规律，大家可以记住一个麻将的口诀，那就是"早拆中间晚拆边"。搭子的价值在续盘前期，边张搭子进边张的价值是要高于进中张的。因为大家都知道中张的利用价值相对于边张来讲要高一些，所以别人把中张打出来的可能性相对较低。如果在战局早期，我们最好是留下进边张的搭子，拆掉中间的搭子。如果牌局已经来到中期，那么这个时候，我们就应该留下中张，拆掉边张搭子。另外，我们要时刻去盯住河里面的出牌情况，这个价值只是说大概率是这个样子，但并不是绝对的，打麻将没有绝对牌。大家要培养一种思路，即根据战局的发展合理地判断自己手牌的价值，搭子的价值到底是哪一个更大、哪一个更小。这样一来，我们就能够做到心中有数。在需要拆

的时候，我们能够果断地做出抉择。

掌握这个顺序之后，我们开始学习其他麻将技巧，进入下一个知识点：麻将的对子价值。关于对子的价值，大家可以参照这个口诀进行抉择，即"一对先定将，两对拆搭子，三对拆一对，四对必碰牌"。下面我会用4副牌型来给大家讲解对子的价值。

图3.2.3 对子

大家先来看第一句口诀，"一对先定将"。当然，这句口诀有一个前提，就是我们的手牌必须要在一进听牌的情况下，才可以这么选择。如果我们手里还有很多单牌需要处理，手牌还是两进听、三进听的话，肯定不适合拆对子。比如，像这样的一手牌进行分解，这里四五六万一搭、一二三筒一搭，这里七八筒一搭，这里一一二条一搭，这边五七九条可以看成一搭，那么大家会发现我们的五搭牌是齐的。那么在这种情况下，这一手牌正确的打法应该是打掉二条。因此，这也就是口诀"一对先定将"的用处，很多新手往往觉得二条跟一条是靠在一起的，舍不得打，故而一定要把思维转变过来。

两对拆搭子，也就是说，当我们手里有两个对子的时候，该如何打才是最正确的。

图3.2.4 两对拆搭子

我们先把手牌进行分解，这里四五六万一搭，一二三七八筒一搭，七八万一搭，对一条一搭，对八条一搭，那么手牌是六大牌。在这种情况下，就需要我们去拆搭。但是当我们手里有两个对子的时候，拆掉对子的搭子肯定是不合适的。所以对于这副手牌，我们只能够在七八筒和七八万之间做一个抉择。大家会发现，我们在拆搭的时候跟搭子的价值判断是紧密相连的，因此在了解搭子的价值之后，才来学习对子的价值。这个课程是循序渐进的，是一个由浅入深的过程，所以大家千万不要着急，先把基础打牢了，才能够掌握和理解后面很多知识点。所以这一手牌，我们只能够拆掉搭子七八筒或者七八万，然后根据牌局的阶段以及河里面的情况来合理地做出抉择，留下我们的一条和八条两个对子。两对为什么不能拆？因为当我们拆掉一对或另外一对时，剩下的这一张也是废牌，这对于手牌后期的发展是有所限制的。在牌局的进展过程中，我们一定要把自己的手牌给打火起来，让自己进可攻退可守，这样才是一个最高效的打法。

三对拆一对，这个技巧应该说是判断一个人到底是麻将高手还是麻将新手的非常重要的标志。为什么这么讲呢？因为很多玩家都不会三对拆一对，也理解不了。我们打麻将的新手往往会犯一些视觉上面的错误，因此大家之所以选择学习，就是要改变这样的思维。如果你还总有喜欢留对子这样一些习惯，那么说明你的麻将水平还有待提升。

图3.2.5 三对牌型

比如这副手牌，我们四五六万一搭，一二三筒一搭，八八七筒一搭，对一条一搭，八八七条一搭，五搭牌是齐的，而且手牌处在一进听。那么这个时候，很多玩家都可能会打掉七条或者打掉这张七筒，但其实这么打是欠缺考虑的。这副手牌应该往三对拆一对的方向走，无论是打掉八筒还是打掉八条，都只损失了一张碰牌的机会，很好地保留了我们六九进张的机会。比如，我们打掉八筒，这边进六九筒，这边碰一条、碰八条、进六九条，都可以实现听牌。但是假设打掉七筒，那么我们六九筒就进不来了。如果说八筒碰不出来的话，我们也只能够寄希望于在一条、八条碰牌的机会，或在这里进六九条的机会了。同时还有一个非常重要的因素，是我们的麻将牌局来到中后期之后，尤其河里面还没有出现过七筒的情况下，就不要选择打了，这个时候打出去，别人碰七筒的可能性非常高，你相当于加速了别人的听牌。而我们拆一对去打还可以作为防守来打，我们在中后期后要尝试着防守，当自己还没有听牌的时候，其实都要考虑这个因素。

前面给大家讲的防守的思维和防守的艺术，那么我们拆出一对，别人碰牌的可能性相对来讲要低很多，因此这是一个连攻带守的打法，既符合最大概率，也能够有效地防守和牵制对手。三对拆一对是需要一定的麻将水平的，大家可以在实战的过程当中尝试着打。在拆对子的时候，有没有什么注意的地方呢？答案肯定是有的，首先要考虑碰牌的可能性。比如河里面八筒碰牌的可能性较高，我们就留八筒；如八条碰牌的可能性较高，就留八条。

3.2.3 四对牌型

图 3.2.6 四对牌型

接下来，我们来讨论四对的情况。手牌有四对时，该如何处理？这也是很多麻友纠结的。如果手牌有四对，我们到底选择做七对，还是选择碰牌以快速地听牌呢？大家要记住，其实七对是麻将当中技术含量最低的一种牌，做大牌只能够顺势而为，大家千万不要强行去做大牌。比如，起手牌有八张或者九张筒子的，就想着去做清一色，有的手里有四个对子，就想着去做七对，这样是否能够快速做成？我的理解是要根据当天的牌风以及我们的进张情况来综合选择。大牌只能够偶尔做，而且是牌风顺的时候才做，千万不要勉强做。如果一味贪大，往往到最后都是输得最惨的，所以当手牌有四对的时候，别人打出来二筒，你要不要碰？答案是肯定的，一定要碰。我们要以快速的听牌和和牌为原则，麻将一定是由一把一把的小牌给组起来的，绝不是你靠几把大牌就能够获得最终胜利的。大家也可以回想一下，在麻将实战的过程当中，有几次你可能都会拿到一些大牌，会和到一些大牌，但是和牌的概率低，结果那天你到最后往往也都是输的。这就是麻将的经验之谈。所以麻将最终的胜利像极了事业成功的积累，是靠一把一把小牌给凑起来的。

最后，我再讲一点对子的价值判断，对子的价值如何判断，也可以参照搭子的价值，根据牌局发展的不同阶段来进行取舍。比如早期，我们边张的对子肯定是比较容易碰出的，但如果到中后期之后，边张的对子肯定就不容易碰了，因此它的价值就发生了变化，这个规律跟搭子的价值判断是一样的。

3.2.4　四连牌型价值

接下来，我们学习四连牌型的价值，四连牌型在麻将当中有且只有以下三种牌型，大家记住这三种牌型即可。

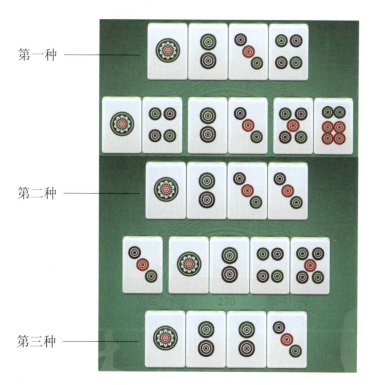

第一种

第二种

第三种

图3.2.7　四连牌型

第一种是我们一二三四这样的四连牌型，它可以进的牌是一二三四五六筒，可以组成一个对子加一副成牌。第二种是边肚子牌型，也就是一副成牌，加上旁边多出来一张牌的牌型，它可以进的牌是一二三四五筒。来了三筒，我们可以组成一个对子加一副成牌；来了一二四五筒，可以组成一副成牌加一个搭子。第三种是爆肚子牌型，也就是一副成牌中间的那一张多出来一张，它可以进的牌是一二三四筒。来了二筒，我们可以组成一个对子加一副成牌；来了一三四筒，可以组成一副成牌加一个搭子。所以大家可以从中总结得出，这几种四连牌型的价值是有高低之分的，价值从高到低，就是上面的顺联牌型、边肚子牌型和爆肚子牌型。

四连牌型有利于我们去摸对子，所以当我们手牌缺对需要摸对的时候，留下来这样的四连牌型是非常高效的。同时，它的进牌效率也很高，一共是可以进六张牌。边肚子牌和爆肚子牌要组成对子的话，都只有一张牌的机会，而且本身我们的手牌里也都有两张，所以摸到第三张牌的可能性相对就要低一些。在大部分情况下，边肚子牌的价值都要高于爆肚子牌。这就是三种四连牌型的价值判断，希望大家能够熟练地掌握，因为在实战中出现四连牌型的概率是非常高的。

小结

　　1.在麻将的实战过程当中，我们的搭子一共是分为四类：第一类是两面搭子，因为它可以从两边进张；第二类是卡张搭子，第三类是边坎搭，第四类是边搭。

　　2.对子打法，一般遵循"一对定将，两对拆搭，三对拆一对，四对必碰"原则。

　　3.四连牌型的价值从高到低，依次是顺联牌型、边肚子牌型和爆肚子牌型。

3.3　牌面价值判断

　　上节学习了各类搭子、对子和四联牌型的价值判断，这节讲牌面价值的判断。主要包含三个内容：第一是最多张数原则，第二是绝张的价值和意义，第三是早打无周边，晚打有周边。下面我会用比较多的案例和牌型给大家进行详细讲解。

3.3.1　最多张数原则

这节加上一节的内容，能够使我们做到在场上具备全局意识，这是我们打好麻将的基础。打麻将遵循"识局者生、破局者存"的原则，因此我们一定要对牌局有非常清醒的判断和认知，时刻保持清醒的头脑。下面我们进入正题，先说第一个知识点：最多张数原则。

图3.3.1　最多张数原则

大家来看这样一个案例：假设上面的一条、四条和三万是我们河里面已经出现的张，而二三条和四五万是我们手里面的搭子。那么结合上一节课的内容，当需要拆搭的时候，我们以什么为原则？通过搭子价值的对比，结合河里面的牌来综合判断。

舍牌时最重要的原则就是张数原则，简单来讲，就是我们所需要进的张数在我们的余牌里面还有多少张，因此最多张数原则是我们在拆搭的时候所要考虑的一个非常重要的因素。上面牌型，河里面已经出现一四条四张、三万一张，根据最大张数原则，如果这手牌我们需要拆搭，肯定要优先拆掉二三条的搭子。因为从概率上来讲，我们只有四张牌的进张机会，而三六万从理论来讲还有七张牌的进张机会，所以在这里，大家需要把握的就是最大张数原则，这是最基本的概念。在搭子价值对比方面，包括对子价值和四连牌型价值，都可以结合最大张数原则来进行判断。

3.3.2 绝张的价值和意义

第二个知识点是绝张的价值和意义，这一点非常重要，也是我们很多麻将老手或是麻将高手判断牌面价值最常用的一个技巧。因此，如果你是刚开始学习麻将的玩家，一定要掌握这个知识点，而且要在实战的过程当中快速反应。

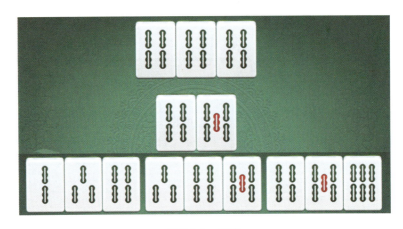

图3.3.2 绝张

首先，什么叫做绝张？绝张就是一定会出现的张，假设四条河里面出现了三个，我们手里面的一个四条就称为绝张，因为每一门牌都只有四张，而我们手里面握有的这一张就是唯一一张。如果摸到一张五条跟四条组在一起，那么二者就形成绝搭。在这种情况下，它给了我们一个很好的信号，这是判断牌面价值一个非常重要的因素。我们来看一下，能够跟四条组成顺子的牌有二三四五六条，当四条出现绝张之后，导致我们的价值叠加后四条周围牌的利用价值降低，因为需要四条来组成顺子的牌，有二三和五六，也就是说二三和五六对手能够留得住的情况就比较少，它可以横向组成对子，但是它不能够组成顺子。所以在这种情况下，我们就要时刻清楚哪一门牌出现了断张。当出现断张之后，你就要时刻记住这张牌。很多麻将老手都容易犯一个错误，就是我们河里面已经出三个四条，然后自己摸到一张四条，此时自己还没有听牌，所以很多人都会把这张四条打出去，但其实这种打法是欠缺考虑的。对于持有这张四条的一方而言，如果留着这张四条，能够摸来五条或者摸来三条组成绝搭的话，后期对手舍出四条周围牌的可能性就会高出很多，这应该非常好理解，和牌的概率会大得多。因为不论是哪一门牌出现了断张，它周围牌的利用价值、对手对于其周围牌的利用价值都会降低。如果说我们能够拿到绝张，那就是黄金，千万不要看见河里面出现了三个四条，自己也跟着打一张四条出去。

上述观点是第一层的意义。另外，如果说是可以点炮的局，需要打一张出去的时候，为了避免点炮，打出去四条周围牌点炮的可能性也会较低。在上下都出现断张的情况下，比如四条和六条都出现了断张，这时我们打出五条就会相对安全很多。

3.3.3 早打无周边，晚打有周边

早打无周边，晚打有周边。这个是用来判断我们牌面价值非常有用的口诀。

图3.3.3　判断牌面价值

　　下面用一个案例来给大家进行讲解。比如，二条是对手早期在河里面打出来的，二筒是到了中期或后期再打到河里面的，那么它给我们提供的信号是不一样的。第一，早打无周边。按照上一节内容，二条如果是在早期打出来的，那么这家极有可能手上没有二条周围的牌。因为根据打牌的顺序先打一九二八，二条极有可能是一张单牌，既是单牌，又是边张，就可以推断对手的手里面大概率没有二条周边牌。当然，这是大概率推断，因为它也有可能是一对一条带一个二条，或者一对三条带一个二条，甚至先打这张二条也是有可能的。

　　早期打出来这张一条，说明它的周围没有一三条，但是晚打就有可能有周边了，比如在牌局中期对手打出来一张二筒，那么它极有可能原来是一二筒。然后摸上去一张一筒，打出来的二筒也有可能是二三筒。摸上去一张三筒，然后才选择打这张二筒。还有一种情况是摸到了一张生张五筒，这是一张危险牌，这时手里面本来是二三四筒的，摸上来五筒后，选择打掉二筒的情况也是有的。总之一句话，"早打无周边，晚打有周边"，这样去分析我们的牌面，一定是没有错的。

小结

1.掌握最多张数原则。

2.绝张的价值和意义。

3.早打无周边,晚打有周边。

3.4　五搭牌原理及应用

五搭牌原理是我们打好自己的手牌,处理好自己手牌最为基础、最为重要的一个理论。如果没有掌握这个理论,那么打麻将的胜率一定在50%以下。下面,我会用较多牌型来进行讲解。

讲解之前,大家先思考三个问题。第一个,什么是一搭牌?第二个,什么是成牌?第三个,分解手牌的原则是什么?如果这三个问题还搞不清楚,那么接下来的课程一定要认真学习。首先,什么是一搭牌?用一句话来概括,可以组成一副完整的成牌,就可称为一搭牌。在之前的内容中,大家明白了各类搭子的价值、对子的价值。一搭牌可以是两张,也可以是三张。如下图所示,来一张牌后就可以组成完整的成牌。

图3.4.1　凑搭子

比如图中的一万、二万，来了三万，可以组成一副完整的成牌；一对二万来一个二万，可以组成一个刻子，也是一副完整的成牌。三万、四万来了二万、五万，可以组成一副完整的成牌。四万、六万来了五万，可以组成一副完整的成牌。还有下面的三张牌情况，比如我们的张一三五来了二条或四条，可以组成一副完整的成牌，还有对二条带三条的，一对带单张的，这种也称为一搭牌，来了一四条，或者来了二条，都可以变成一副完整的成牌。对于一二四条，来了三条后会变成一个四连牌型，这当然也是一副完整的成牌。麻将当中的成排有且仅有这两种，第一是顺子，第二是刻子。顺子很好理解，比如我们的三四五、一二三。刻子是三个一样的，比如说三个七条，任意三个一模一样的牌组合在一起就可以成为刻子。以上两种情况统称为一副成牌。

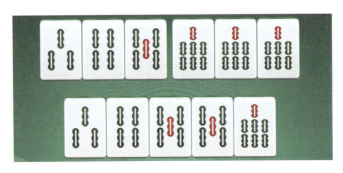

图 3.4.2 分解手牌原则

在麻将中，分解手牌的原则是什么？分解手牌的一大原则就是我们要优先分解出成牌。比如这种牌，无论怎么分解，手牌都是两搭，我们可以把三四五条作为一搭，把五七条作为一搭，也可以把五五七条作为一搭，把三四条作为一搭。在麻将的实战过程当中，大家一定要记住，分解手牌的原则一定是优先分解出成牌，尤其是在复合牌型当中。

最后，我们来讲一下什么是五搭牌原理。我们在全国各地的麻将玩法当中，大多数和牌都只需要十四张牌，即四副成牌加上一个对子，四副成牌是十二张，加上一个对子就是十四张牌。这是我们大多数的麻将玩法。在麻将玩法当中和牌只需要五搭，即四副成牌，再加一副对子。多一搭不行，少一搭你也和不了，这就是五搭牌原理的本质，也是基础。在麻将的实战过程当中，我们要养成一种习惯，就是把手牌时刻维持在五搭牌，多一搭就要拆搭，少一搭就要凑搭。

图3.4.3　五搭牌案例1

我们来看上图案例，按照刚才教给大家的方法，先把手牌进行分解，这边三个一筒一搭，这里八九九筒一搭，下面对九万一搭，三四万一搭，六七万一搭。这样分解下来，大家就会发现我们的手牌是六搭。如果大家没有学习过五搭牌原理，相信在实战过程当中很可能会选择打掉八筒。这手牌正确的打法，根据五搭牌原理，就要考虑打掉哪一张牌能使我们的手牌变成五搭。因为不论怎么分解筒子，都必须分解为三搭牌，那么我们就只有从万字着手。万字这边，我们打掉这张六万，七万可以跟对九万组合在一起，变成一搭牌，这样我们手牌就回到完美的五搭牌，同时不丢单张。来了五万就可以和三四万组合；来了八万，我们可以和对九万、七万组合成一副成牌。因此，打掉六万，把手牌打成五搭牌，而且还丢张，符合最大概率打法。

按照刚才的思路，如果选择打掉八筒的话，摸到二万、五万、八万当中的任意一张，你又会怎么打呢？是不是还需要面临一个拆搭的局面？比如我们摸上来一张二万，该打掉哪一张？是不是得继续打掉这张六万，或者打掉这边的三四筒，还是会面临六搭拆掉一搭的情况？但是如果留下八筒打掉六万的话，整手牌将变成五搭牌，整手牌就会向前一步，至少比刚才的打法要快一圈。

图3.4.4　五搭牌案例2

　　我们再来看一下案例，按照五搭牌原理的思路，大家会选择打哪一张？请大家先思考一下，打掉哪一张会使我们的手牌变成五搭牌。我相信没有学过五搭牌原理的玩家，很有可能会选择打掉六筒，或者打掉其中的五筒。但经过刚才的讲解，我们应该打掉四条，将三条和对一条组合在一起，形成一搭，然后把自己的手牌又完美地恢复到五搭牌。如果你不学习五搭牌原理，很有可能会在五搭牌和六搭牌之间徘徊，总觉得自己手上的搭子都很好，但到最后却和不了牌。这也是很多麻将新手甚至麻将老手都容易犯的错误。

图3.4.5　五搭牌案例3

再来看这手牌，大家觉得应该这手牌打掉哪一张？我们先把手牌分解，对三三一筒一搭，这里五五七万一搭，一二三万的一搭，这边七条三条都是单张。分解完，大家会发现一个特点，那就是这手牌只有四搭牌。那么根据五搭牌原理，当我们手牌只有四搭的时候，就应该去凑搭。凑搭的话，就要留下靠搭能力强的牌，所以这手牌正确的打法，应该直接选择打掉这张一筒。如果没有学习五搭牌原理，我相信有不少人会选择打掉三条或打掉七条。但是打掉三条和七条的丢张情况是非常多的，手上有三条和七条的话，凑搭非常容易，任意来一张条子都可以听牌。这手牌，我们只损失了一张二筒的进张机会，因此打掉一筒才是最正确的。

综上所述，五搭牌原理的作用就是让我们时刻明白自己的手牌到底有几搭，我们是多搭了还是少搭了。多了就要去拆它，少了我们就要去凑它，策略是不一样的。这里给大家分享一个小技巧。我们在麻将的实战过程当中，起手牌拿上来后，就要知道自己的手牌有几搭，这手牌是好是差。通常情况下，我们的手牌拿上来，难免都会有一些单张，有成牌或者是搭子是齐的，一般来讲，我们的五搭牌都是不齐的，所以刚开始的时候都要努力地去凑它，这也是为什么刚开始我们要去打掉边张一九和二八，因为边张一九和二八不容易靠张，它们靠搭的能力比较弱，所以要选择先打掉，留下靠张能力强的中张来凑搭，以满五搭牌。凑满之后，如果搭子多出来，再选择拆搭，这就是麻将实战的一个过程，这个顺序是一定不能乱的。五搭牌原理是一个最基础的理论，是打好麻将的基础。

3.5　经线牌理论及应用

3.5.1　经线牌理论

　　麻将是一个数字游戏，很多人虽然打了几十年麻将，但是从来没有思考过这个游戏背后真正的规则是什么。他们战败后，会认为是自己的技术不够、运气不够好，这个观点是不完全正确的。并不是说技术不重要、运气不重要，但是学习和反思更加重要，否则你很可能依然是一个常败将军。

图3.5.1　经线牌理论

　　这节是关于麻将的经线牌理论。现在大家看到的是麻将当中的筒子一至九筒，麻将手牌拿到手的时候，一般筒子不可能是像这样全是顺子牌型。假如我们只拿到其中的一张或两张，比如只拿一个五筒，那么大家有没有考虑过五筒需要的是哪几张牌？它需要的是三四五六七筒，就说明它的靠搭能力是五张牌。我们再来看一下，如果我们拿到的是一筒和九筒，一筒需要的是什么？一筒需要的是一二三筒，九筒需要的是七八九筒，它的靠搭能力只有三张牌。所以我们拆牌的时候要首先拆掉一九张，其次是拆二八张，因为它们的靠搭能力是依次减弱的，最后是三四五六七这样的中张。三四五六七的靠搭能力都是五张牌，大家可以分析一下，这里面的三至七任何一张牌都有五张牌的靠搭能力。接下来进一步分析，这一至九筒在靠搭的时候有没有出现有效牌重复的问题？比如一筒需要的是二三筒，四筒同样需要二三筒，那么在这个时候，一筒和四筒就被称为一条线。我们再进一步思考五筒需要的是三四筒，二筒也需要三四筒，那么二筒和五筒就形成一条线。依此类推，我们可以得到麻将的三条经线，那就是一四七、二五八、三六九，这被称为麻将的三条经线。

图3.5.2　经线牌案例1

3.5.2　经线牌应用

学习了经线牌理论，我们在实战当中应该如何去运用？首先，在防守端如何去运用经线牌理论，比如像这样的一手牌，如果这个时候该我摸牌，那么我摸到一张九筒很显然没有用，就打出去了，这说明什么？说明此牌不需要九筒，那么是不是也有可能不需要六筒呢？是不是就不需要三筒了呢？所以经线盘理论的一个重要知识点就是看河里面出的牌。如果出现了两个边张，我们可以推出中间这一张，它是有可能是不要的。

如果出现了中间这一张六筒，那么可以推出对方有可能不要三筒或九筒。但是出现了三筒，我们就没有足够的信号去确定对方是不是一定不需要九筒。在防守端，我们通过经线牌理论，是可以猜出百分之七八十的。如果打出了九筒，万一和六筒的对倒也是有可能的，这就要求结合具体牌面来进行综合判断。这一理论在别人报"听"的情况下运用得比较广泛。

图 3.5.3　经线牌案例 2

下面学习经线牌理论在进攻端该如何去运用。像这样的一手牌，很明显我们是缺搭子，然后是一进听牌。那么在这个时候，我们手上有一四七单张，应该打出去哪一张，才能使我们的进牌效率最高？如果是一四七，我们就要果断打掉一；如果是二五八，我们就要打掉五筒；如果是三六九，我们就要果断打掉九筒。这是一个套路式打法。"一四七打小，二五八打中，三六九打大"，大家只需要记住这个原则，然后自己思考为什么要这么打。

3.5.3　经线牌带入快速整理清一色

本节为大家分享三个方法，用于快速、准确地判断同花色牌型比较多，或者清一色的牌型所听和的张数。

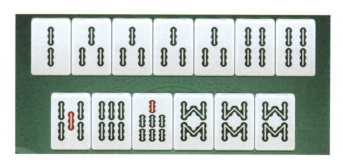

图3.5.4　经线牌带入清一色

第一个方法是将头确定法。当手上同花色牌型比较多，或者为清一色牌型的时候，我们可以尝试把同花色牌型当中可以做将头的排序优先的打出来，比如这样一手牌，我们先尝试用一对三条来做将，把一对三条拿出来。那么很明显，我们的五条跟二三、三四四条组合在一起变成两副成牌，这手牌我们听的是二五八条；我们再换一种看法，假设我们用一对四条来做将，明显五六七条为一副成牌，三个八条为一副成牌，那么三个三条为一副成牌，我们听是一四条；假设我们用一对八条来做将，那么六七八条是一副成牌，我们听的是一对三条和八条的对倒。

第二个方法是从左往右依次拿出成牌。比如像这手牌，从左往右进行分解，优先拿出成牌就是二三四，剩下的三个三条为一副成牌。然后这里的四五六条为一副成牌，那么剩下的就是一个暗刻八条带七条。很明显，这时候我们听的是一七条带六九条。

第三个方法是经线牌代入法。经线牌理论我之前给大家讲过，大家应该有所了解。我们麻将的序数牌一共分为三条线，一四七、二五八、三六九。当我们运用前面所讲的两个方法之后，还可以用经线牌进行推理。比如现在这手牌，我们先把手牌恢复一下，假设是这样，我们回到之前用将头确定法，假设以对三条来做将，那么这里的二三、三四、四五条是两副成牌，我们听的是五八条，且五八条还有一张经线牌二条。这时我们就可以尝试把二条带进去，看一下能不能听二条。这手牌来二条之后，五六七成牌也是可以和牌的。依此类推，当我们手牌能够听一四的时候，就去考虑七能不能和。当我们能够听三六的时候，去考虑九能不能和，用代入法，很容易就能看清楚所听和的张数。通过分解，我们发现此手牌和出张为一二三四五六七八九条。

以上所讲的三个方法，在麻将的实战过程当中，需要大家进行综合性运用，不是说先用第一个方法再用第二个方法，它是一个相互补充的过程，你擅长用哪一种方法就用哪一种。只要能够熟练地运用，那么用这个方法进行判断的准确度就是100%的。

3.6 金三银七的理念及序数牌的封闭效应

3.6.1 金三银七的理念及应用

这节的知识点是金三银七的理念以及序数牌的封闭效应。相信大家都有听说过金三银七，但是很少有玩家知道这句话背后的真正含义，以及应该如何在实战的过程当中利用金三银七这个理念。下面，我们以筒子这一门牌派来举例给大家讲解。

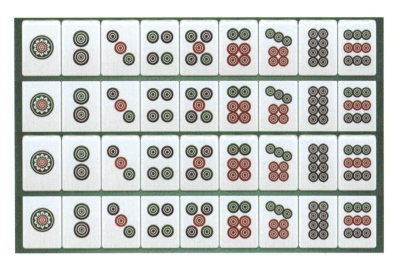

图3.6.1　金三银七

　　大家都知道，我们麻将牌当中的序数牌是三个花色同调换，应用到筒、条和万字上面也是同理。如上图所示，这一门牌的所有牌一共是三十六张。通过观察牌谱，大家有没有什么发现？我相信很少有玩家把麻将摆成这样进行观察。在讲解金三银七这个理念之前，大家需要形成一个认知：麻将是数字游戏，因此大家对数字一定要敏感。对数字敏感的意思是在实战过程当中，我们要清晰地知道某一门牌某一张牌去了几个，还有几个，这是最基本的。筒子这一门牌，纵向最多只有四张牌，横向有九张牌，但是这三十六张牌的组合能力是各不相同的。首先来看第一个，一筒横向可以组成一二三筒，这是它唯一的可能性；纵向可以组成一对一筒，或三个一筒，甚至四个一筒。接着，我们来看九筒横向可以组成七八九筒，这是它唯一的可能性。纵向跟一筒是一样的，一对九筒、三个九筒、四个九筒。大家有没有发现什么规律？这就是麻将当中的对称性。我们的一筒和九筒处在麻将牌谱的两端，其作用是相同的，因此一筒和九筒的价值相同。再接着看，二筒横向有几种可能？有一二三、二三四两种可能，那么八筒也是一样的，其横向可以组成六七八、七八九筒，也是有两种可能。所以在这里，我们的二筒和八筒也处在对称的位置上，二筒和八筒的价值相同。那么依此类推，我们的三筒和七筒的价值相同，四筒和六筒的价值相同。但这里有一个特殊的地方，就是我们的三筒和七筒的位置，一只有一种可能性，二有两种可能性，那三有几种可能性？这边不仅可以组成一二三、二三四，还可以组成三四五筒，共有三种可能性；换算下来，其靠搭能力就是一二三四五张牌的靠搭能力，而我们　筒只能靠二二筒。二筒可以靠一二四筒，它们靠牌能力的不同决定了它们的价值是有差异的。因此在麻将当中，我们为什么开局就要先打边张一二和八九？就是这个原因。因为它们的靠牌能力较弱，我们就要更多地留下三四五六七的中张来组牌。之前，给大家讲了起手牌拿上来一般是缺搭的，那么这个时候我们就要尽力去凑它。要凑它，我们就需要凑搭能力强的中张，而三四五六七的组牌能力是一样的，靠搭能力都是一样的。

为什么我们经常要讲金三银七，因为三控制着一二，七控制着八九，也就是三和七，控制着边张一二和八九的。同时，它又能很好地连接中张四五六，这就说明三和七起到承上启下的串联作用。假设筒子这门牌当中的三筒没有了，那么意味着一二横向组牌的能力没有了，这就是三和七的重要性。金三银七并不是讲三比七更重要，而是强调三和七在麻将牌中的重要性。因为它们处在麻将的对称位置，靠牌能力是一样的，所以大家一定要形成条件反射。比如，我说五筒能够靠哪几张牌，大家一定要形成条件反射，就是三四五六七筒，八能够靠哪几张牌？大家一定要第一时间反应是六七八九。同时，当手牌缺搭时，我们要去凑搭，那么筒子这门牌，只要我们手上有三七筒，来任何一张筒子都能够利用形成一搭。因此在麻将的起手开局当中，如果手牌有三七，那么大家一定不要轻易打出。这就是金三银七的理念和重要性。

3.6.2 序数牌的封闭效应

　　下面接着学习第二个知识点：序数牌的封闭效应。什么是封闭效应？给大家举个例子，比如河里面出现了三个二筒，我们手里面有一个二筒，那就意味着我们的四个二筒都出现了；当河里面只有三个一筒，那么剩下的一筒肯定在我们的牌山里面，这是因为二筒出现断张之后，会对一筒造成一个全封闭的效果，这样我们就能很好地推断剩下的这一张一筒到底会不会出现。如果我们的中张出现了断张，假设四个五筒都出了，那么大家觉得它会形成封闭效应吗？显然不会，因为我们五筒旁边的六筒还可以靠七筒、八筒来形成一副完整的成牌，并不一定要组合成四五六。因此，它只能造成一个半封闭的效果。但是半封闭的效果对我们来讲也是有利用价值的，尤其是在可以点炮的局当中。假如五筒造成一个半封闭的效果，那么我们打出四筒点炮的可能性就只有往下的二三四筒，或者对倒的四筒。相对来讲，它的点炮概率就要小很多，至少减少了50%。再结合刚才给大家讲的金三银七理念，假设三和七出现了断张的情况，就会对一二和八九造成一个全封闭的效果。大家可以把它理解为一种挤出效应。当七断张之后，一般来说河里面的八九就会陆陆续续地出来，即使别人手里面有八九的搭子，也会觉得八九的搭子已经没有和牌的可能性，会陆续打出。这就是序数牌的封闭效应。

　　这个知识点告诉我们，一定要对数字有敏感性，河里面的某一门牌去掉了几张，我们一定要做到心中有数，再结合自己手牌的情况以及其余三家的手牌情况，综合判断场上的形势，从而推断牌山里面的余牌情况。因此，打麻将一定要在大脑高速运转的过程当中去计算，而不是凭手感打。麻将一定是一个费心费脑的过程，绝不仅仅是靠运气就能打好的。这里顺便给大家分享一个很多玩家的疑惑：我们要记住河里面的情况，同时要计算自己的手牌发展情况，那么我们的记忆力是不是得很好？是不是一定要有非常聪明的才智才能够打好麻将？其实不然。打麻将是一个熟能生巧的过程，通过学习这些理论，大家一定要培养良好的打牌习惯。可能你第一次记不住，第二次记不住，但是通过不断练习，在养成这样一种分析的思维和习惯之后，你慢慢就会记住，就会形成一种条件反射。我们需要往这个方向进行努力，久而久之，我们就会进步，会成为高手。

3.7 玩转数字游戏的核心要点

麻将是数字游戏，很多打了几十年麻将的牌友也不一定知道这个知识点。

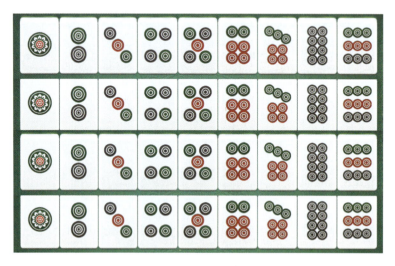

图 3.7.1 断张的情况

首先，麻将牌横向是可以组成顺子，纵向可以组成刻子或者杠牌，这是最基本的一个麻将理论。但很多麻友没有深入地分析过。我们在实战过程当中，如果手牌在实战当中出现断张，就给我们提供了很好的信号，再结合3.6节的金三银七理念，在实战牌局当中，当我们的三或七出现断张的时候，给我们提供的信号就是一二和八九的利用价值会随之降低。任何一个数字的牌，只要出现了断张，那么它周边的牌的相应利用价值都会降低，这就是一个知识点。同理，当任何一张牌出现断张的时候，它周边牌的利用价值就会降低。在实战过程当中，我们看到河里面已经出三张，就自然会觉得这张牌能够被摸到的可能性很小，但实际上，这张牌大概率是越孤越出。

同时，大家在实战牌局当中，一定要养成观察大号牌和小号牌的习惯。所谓大号牌是六七八九，小号牌是一二三四。如果说河里面的小号牌出得多，说明另外三家都利用不上小号牌。比如，小号牌的一二三筒去掉三个，四筒去掉两个，那么就很好地说明剩下的一筒、二筒、三筒、四筒都有可能在余牌里面。所以为什么在听牌选择的时候，我们不能去听那种纯粹的生张，就是一张都没有出现在河里面的那种？我们要尽可能去听熟张，因为熟张既然出现在河里，在别人的手上没有，那么它在余牌里面的可能性就会变大，因此很有可能被我们摸到。

第四章

打好麻将的方法与技术
（战术篇）

4.1 最大概率打法

什么是最大概率打法？就是当我们的手牌有多张牌可以舍出时，我们选择舍出其中某一张牌，能够使自己的手牌进张最多。最大概率打法应用最多的就是我们手牌处在一进听的时候，因为一进听牌就表明我们有很多抉择，会让人比较纠结，这个时候往往也是一张见生死、一张见高下的时候。所以运用好最大概率打法，才能够保证自己的胜率在50%以上。如果你打麻将的胜率在50%以下，那么很有可能是因为你不会最大概率打法。在实战过程当中，因为出牌的节奏都比较快，很有可能来不及思考到底打出去哪一张才符合最大概率，这就是因为你不够熟练，也没有总结。很多玩家往往会在这个时候出现失误。如果你没有掌握最大概率打法，长期下来，你肯定是输家。为了便于大家熟练地掌握最大概率打法，这节我给大家总结提炼了很多经典的牌型，大家只需要记住这些经典牌型，然后按照教学思路去进行操作，就可以运用好最大概率打法。因为麻将是概率论，麻将的背后其实有一套规律，这也就是我要学习打麻将的原因。

4.1.1 手牌无对

下面来看第一种案例，大家来看下图当中的五手牌型，如果让你选择打掉其中一张，你会如何去打？

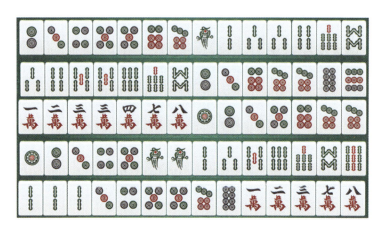

图 4.1.1　手牌无对

　　请大家先观察一下，找出这五手牌的共同的规律。这里请大家先思考一下。我们先把手牌进行分解，第一手牌二三四筒，五六七筒是一搭，一二三条是一搭，三四条是一搭，七八条是一搭。第二手牌三四五条为一搭，这里五六七条为一搭，这里二三筒为一搭，六七筒为一搭，七八九筒为一搭，第三手牌一二三万、三四万、七八万，一二三筒、五六七筒分别为一搭，七筒单张。第四手牌一二三筒、四五筒，一二三条、五六七条、八九条分别为一搭。第五手牌二二二条一搭、三四五筒一搭、七八筒一搭，五筒单张，一二三万一搭，七八万一搭。这样分解完毕，大家有没有发现这五手牌的共同规律是什么？那就是这五手牌都没有对子，也就是说我们没有将。有的玩家可能会问：比如第一手牌，我们不是有一对五筒，还有一对三条吗？它们不能作为对子吗？在之前的教学过程中，我已经给大家讲过，分解手牌的原则要优先分解成牌，所以这里要先拿出来一二三条，这里先拿出来五六七筒，下面的四副牌也都是这种情况。在手牌没有对的情况下，应该如何打？这里我们以第一手牌为例，来给大家进行深入分析。最大概率是当我们手牌有多张牌可以舍出的时候，有哪些牌是可以守住的。其实我们可以打的牌有很多，但前提必须是我们的手牌保持在一进听牌的状态，即打掉二筒、五筒、六筒、七筒、一条、三条、四条、七条、八条。那么这么多牌，我们到底如何打？我们逐一进行分析。首先，我们看打掉二五筒的情况。打掉二五筒之后，我们可以进的一至九条听牌，总张数为36-7=29张。我们再来看打掉一四条的情况，打掉一条或四条，我们可以进的牌是二五八筒，三条和六九条。我们再来看打掉三条的情况，打掉三条，可以进的是二五八筒、一四条和六九条。我们再来看打掉七八条的情况。打掉七条和八条进张是一样的，这里讲打掉八条的情况。打掉八条，我们可以进行二五八筒、二条、五条和七条。我们再来看最后一种情况，就是打掉六筒或七筒。打掉六七筒，可以进的是二五条和六九条，那么通过对比就非常明显了，这手牌我们需要打掉的是二筒或五筒，这才是最大概率，我们可以进一至九条以实现停牌。通过分析，这里就给大家总结一下，面对手牌没有对子的情况，我们打掉多张来保留我们未完成的两个搭子，这样的情况才是符合最大概率打法。其实这就是我们打麻将经常会碰到的四人抬轿，这也是麻将三大牌型当中的一种，即手牌无将的时候，我们把手牌打成无将一上听，保存两个未完成的搭子，就是最大概率打法。

4.1.2 手牌一对三单

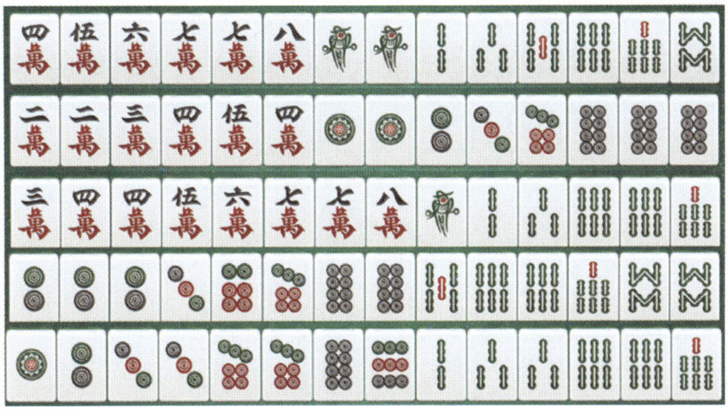

图4.1.2 手牌一对三单

我们接着来看下面这种牌型。请大家先观察一下这五手牌型共同的特点，我们先把手牌进行分解，这里四五六万一搭、七七八万一搭、一条单张、一二三条一搭，八条单张、五六七条成牌；第二组一对二万一搭、三四五万成牌、四万单张、一二三筒成牌、七筒单张，三个八筒一搭；第三组三四五万成牌、六七八万成牌、四七万单张、一二三条成牌，六六七条一搭；第四组二二二筒一搭，三筒单张，六七八筒一搭、八筒单张、五六七条成牌、八条单张，八条一搭；第五组一二三筒一搭、三筒单张，这里七八九筒一搭、七筒单张，这里二三三条一搭、七八九条成牌。这样分解下来，我们发现这五手牌的共同特点是只有一个对子，另外还有三张单牌，也就是经典牌型一对三单的牌型。我们应该如何打？这里大家记住一个麻将口诀："当手牌一对三单的时候，一对先定将。"我们需要打掉的牌是哪一张？这里我们还是以第一手牌为例来给大家进行讲解，我们可以打的牌有八万、一条、五条或八条。这里以五条为例，我们来看一下，假设选择打掉八万，我们可以进的牌是一至九条。如果选择打掉一条，我们可以进的牌是三六七八九万，三四五六七八九条。如果选择打掉五条，我们可以进三六七八九万，一二三四条，所以我们打掉八万和打掉五条的进张是一样的，那么这里选择打掉一条才符合最大概率打法。对比下来，比打掉八万和打掉五条多了三门牌的进张。我们可以这样总结这类牌型：当手牌只有一对和另外三张单牌的时候，我们就打掉靠张能力最弱的牌。

4.1.3　手牌两对

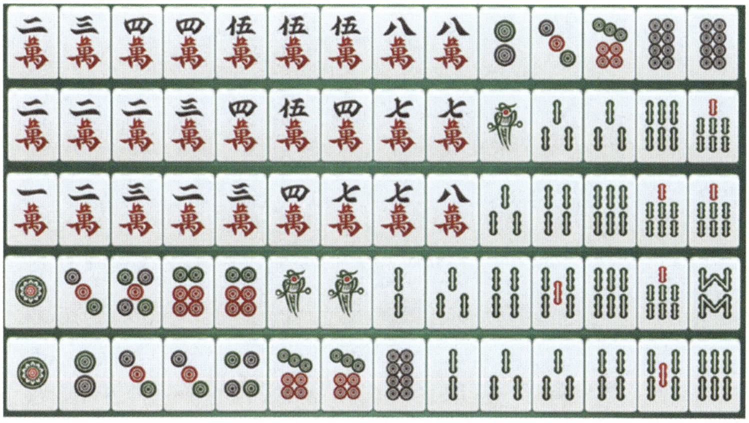

图 4.1.3　手牌两对

我们接着来看第三类牌型，大家看这五手牌有什么共同特点？按照惯例，还是先把手牌进行分解。通过手牌分解发现，这五手牌的共同特点是都有两个对子。当手牌有两个对子的时候，我们应该如何打？依然以第一手牌为例来给大家进行讲解。这手牌可以打的牌也是有很多张，我们先来看一下打掉这张四万的一个进张情况，打掉四万之后可以进的牌是八万、一四六八九筒；如果打掉七筒，我们可以进的是八万、八筒和一四筒；若打掉八筒后，我们可以进的是八万、一四筒和六九筒。那么这样对比下来就很明显，选择打掉四万才是最大概率打法。那么这样分析之后，我们是不是可以得出结论呢？当手牌有两个对子的时候，把手牌打成两对半才是最大概率打法。所谓两对半牌型，就是手里面有两个对子，其中一对还带了一张单排的情况。因此，当我们手牌有两个对子的时候，就把手牌打为两对半，这就是最大概率。

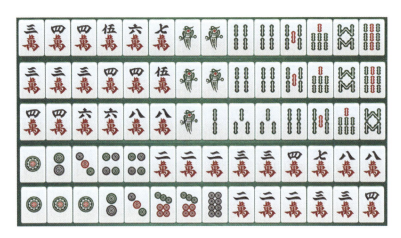

图4.1.4　手牌三对

我们再来看第四类牌型，大家先观察一下这四类牌有什么共同特点。这里就不再进行分解了，这五手牌的共同特点是每一组都有三个对子，第一手牌对四万、对一条、对四条；第二手牌对四万、对一条、对四条，第三手牌对四六八万；第四手牌一对四筒、一对三万、一对八万；第五手牌对一筒、对七筒、对三万。当手牌有三个对子的时候，应该如何打？其实当手牌有三对的时候，可参照两对半的思路进行操作。那么三对就应该要拆掉其中一对，把手牌打为两对半，才符合最大概率打法。

小结

1.当手牌没有对子的时候，选择四人抬轿，留下两个未完成的搭子。

2.当手牌一对三单的时候，选择打掉靠张能力最弱的一张单牌，为最大概率打法。

3.当手牌两对的时候，把手牌打成两对半。

4.当手牌三对的时候，选择拆掉其中一对，才符合最大概率。

以上四种类型是在麻将实战过程当中出现率最高的牌型，希望大家能够熟练掌握，并且熟练地运用，在实战的过程当中做到条件反射，一看就知道手牌属于哪一种类型。

4.2 四人抬轿牌型打法

这节我们来讨论四面招雀的牌型。"四面招雀"是一个书面用语，我们经常讲的四人抬轿就是四面招雀的牌型。很多麻友打了几十年麻将，可能都不清楚什么叫四人抬轿。今天就通过这一节，给大家讲深讲透。

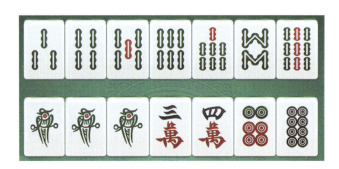

图4.2.1　四人抬轿1

首先，我们来认识一下什么叫四人抬轿的牌型。比如，像这样一手牌，此时条子上面选择打掉三六九条当中的任意一张，这手牌就形成四人抬轿牌型。首先是四人抬轿，手牌必须处在一进听，那么大家会发现这手牌有一个特点，就是没有将，手牌里面没有对子。这个时候，手里面有两个没有完成的搭子，即三四万和六八筒，这种情况就被称为四人抬轿，意思就是通过摸到对子或摸到一副成牌，把它变成听牌的状态。像现在这手牌，我们摸来二三四五万和六七八筒，都是可以实现听牌的。四人抬轿牌型属于最大概率打法，也是三大牌型之一。

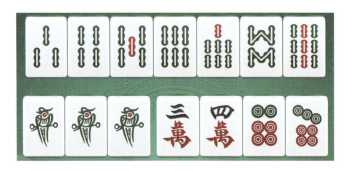

图4.2.2　四人抬轿2

在实战过程当中，碰到四人抬轿，这种牌型比较纠结的点在于比如这里的一对一条，别人在河里面打出来一张一条之后，我们到底要不要选择碰？这里分成三种情况讲解。第一种就是没有必要碰的情况，那么什么情况才没有必要碰呢？在四人抬轿当中，假设两个没有完成搭子是两面搭的时候，是没有必要碰的，尤其是上家打出来牌的时候。而且当时的摸牌顺序也比较有利，就没有必要选择去碰。因为不碰，依然可以摸到二五万和五八筒四门牌来实现听牌。当手牌有四门进张和进张超过十张的时候，其实听牌难度不大。

图4.2.3　四人抬轿3

那么什么情况下应该果断地选择碰？当搭子质量不好的时候。比如，手上是这种卡张搭子。当两个卡张搭子在一起时，可以进的就只有七筒和二万，进张的效率非常低。这个时候，别人打出来一条，我们选择碰掉之后，可以进的牌就变成一二三万和六七八筒，是六门，刚刚是两门牌，相差了四门牌，四门牌就是十张以上的进张效率。在这种情况下，不论是哪一家打的，都可以果断地选择碰，从而为自己的手牌增加一个进张机会。

图4.2.4　四人抬轿4

　　还有一种情况就是可碰可不碰的类型。比如，此时我们可以进的是二万和五八筒，当别人打出来这张一条的时候，是否可以选择碰？这就要考虑几个因素。第一是你当前的摸牌顺序，你感觉进张的效果是否好？如果不好，你就选择碰；如果是好的，就不要打乱这种摸牌顺序，同时要考虑下家牌风是否旺。因为在实战的过程当中，一定要控制下家摸牌的节奏。碰得多了，下家摸牌机会自然就增多。所以当下家此时已经听牌，如果是上家打出来的牌，我认为是完全没有必要去碰的。因为你碰之后就增加了下家的摸牌机会。很有可能你碰到一条之后，选择打出去这张九条实现四人抬轿，但是下家摸上去一张牌，很有可能马上就会自摸，而你还没有听牌，这一把就结束了。

　　接下来讲一下面对四人抬轿牌型的时候比较容易出错的点。由于四人抬轿牌型属于麻将当中的最大概率打法，所以很多玩家一看到可以打成四人抬轿，就会毫不犹豫地选择打成四人抬轿牌型。但在某些时候，这种打法需要优化。

图4.2.5　四人抬轿5

我会通过这副牌来讲清楚，应该在什么时候选择四人抬轿，什么时候可以不选择四人抬轿。当手上搭子比较差的时候，其实可以不用选择四人抬轿，尤其是当手上有这样的牌型时。三六九条的进张效率也是很高的，因此这个时候其实可以拆掉比较差的搭子。打掉这张九条之后，选择四人抬轿进张是一二三万和六七八筒，这里一共是六门牌，留下九条的进牌机会就可进三六九条。假设打掉这张八筒，就有六筒的进张机会和二万的进张机会，同样是可以实现听牌的。这里是五门，比刚才的六门牌只减少了一门牌，但大家可以看出，不论摸来三六九条，还是摸来二万、六筒，听牌质量都不会太差。同理，可以拆掉六八筒搭子。因此在实战过程中，不要盲目地选择四人抬轿。当四人抬轿中有一个搭子比较差的时候，就要更多地考虑手牌后期的听牌质量和改良机会。

小结

首先，大家要知道什么叫四人抬轿牌型；其次，要知道什么时候选择四人抬轿，什么时候不选择四人抬轿；最后，还有一个容易错误的点，就是四人抬轿当中有一个搭子比较差的时候，可以考虑拆掉差的那一搭牌，来保持整手牌的听牌质量。

4.3　麻将衍牌的打法

　　这一节，带大家认识一下衍牌以及在实战过程当中衍牌的处理方式。很多玩家打了几十年麻将，依然不知道什么叫作衍牌。其实这是一个非常重要的知识点。

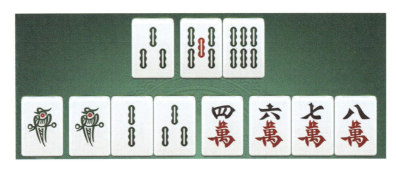

图4.3.1　衍牌

　　那么衍牌的概念是什么？衍牌就是手牌当中一个搭子或者一副成牌旁边多出来的一张牌。比如，这里三五六条当中的三条，一二三条旁边的一条，六七八万旁边的四万。当然，前提是大家要发现三条和五条中间只隔了一张牌，一条和一条之间并没有相隔，四万和六万也只隔了一张牌。总之，你要记住一个原则，就是一个搭子或一副成牌，旁边多出来的都称为衍牌。比如这里的一一二三条的一条。一二二三条这种爆肚子牌型，这张二条同样被称为衍牌。所谓衍牌，从字面意思上来理解，就是多余的、多出来的。这是最基本的一个概念。接下来，我们讨论的是什么时候应该早点打出衍牌，什么时候应该晚点打出。

图4.3.2　衍牌打法1

　　像这样一手牌，我们先把手牌进行分解。这里三四条一搭、六八条一搭、五五六筒一搭、八八九筒一搭，二三四万的成牌中，这个四万就是衍牌。这一手牌我们的手牌是五搭牌，在已经齐的情况下，就应该选择早一点打出这张衍牌。像这样一手牌，很多玩家会选择打掉九筒。假设打掉九筒，后期摸上来一张二万，在这个时候手牌就变成了六搭。对于六搭，我们需要拆搭，那么在这里，该拆掉哪一张呢？是拆六八条，还是拆掉二四万？这就会让我们陷入纠结。假设选择早一点打出去四万，即使摸上来一张二万，我们也会毫不犹豫地选择打掉。根据五搭牌原理，手牌要想听牌和和牌，只需要五搭就可以了，多一搭不行，少一搭也和不了。因此，在具有五搭牌的情况下，就要选择早一点打掉衍牌，避免让自己在中后期陷入无谓的纠结当中。同时，大家要有一个概念，像四万这样的衍牌，我们手上已经拿到一对牌，别人手上就会少，后期就容易造成别人对这张四万的需求。如果晚打出去的话，就容易点炮。因此，你早一圈打出去衍牌和晚一圈打出去是不一样的概念。

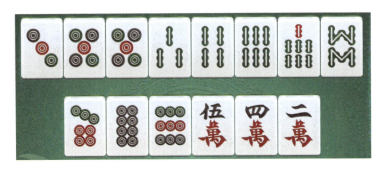

图4.3.3　衍牌打法2

　　接下来，来看衍牌什么时候应该晚一点打。比如像这样一手牌，我相信很多玩家此时都会毫不犹豫地打掉这张二万。这张二万是一张衍牌，但是有两种情况大家要认真分析一下。第一就是这张二万来到中期之后成了一张危险牌，也就是你感觉打出去容易点杠，甚至点炮，或者打出去容易被别人碰。这种对别人来讲有意义的牌，就要适当地去扣一扣，因为你还没有听牌。这个时候，如果三筒安全的话，建议大家可以先打三筒，把牌局稳住，晚一点再打衍牌。假设这一手牌在打掉三筒之后，后期摸上来五条，这个时候已经实现了听牌，那么这时再去打掉二万并被别人碰掉或和掉，对我们来讲也是有利的，尤其是在捉鸡麻将的局中。所以衍牌打出的时机是非常重要的，你打出去刚好就可以刺激相关联的牌出现在河里面。但是如果你早一点打，别人碰了，即使打出来三万，但你还没有听牌，这个时候你也是和不到牌的。这一点在可以点炮的玩法里面才会出现，但技术难度就是挺高的。同时，如果同场上有高手存在，那么当你打出二万时，别人就会分析你的手牌是不是有相关联的牌，这样也会暴露你自己的手牌信息。为防止对手猜到我们手牌里面的大概花色，晚一点打出去也是有好处的。

小结

　　衍牌到底应该早一点打还是晚一点打，完全取决于我们场上的形势以及自己手牌的状况，需要综合地进行分析和抉择。

4.4　打七对的方法和技巧

　　这一节内容讨论的是在实战过程当中该如何打好七对。有的玩家会讲，如果当地的玩法不包含七对的话，那这个知识点是不是就没有用了？但是了解这种打法思维，对我们来说也是有帮助的。

　　首先，七对是所有麻将胡牌类型当中技术含量最低的，而且运气成分也是最高的。今天先来讲打七对在听牌前和听牌后的打法。只要你掌握了这两个技巧，就一定可以打好七对。

图 4.4.1　七对

　　首先来看这样一副牌。此时手上已经有四个对子：对五筒、对八条、对一条和对八万。大家要有一个基本的概念，就是手牌有四对，这是我们做七对和不做七对的一个分水岭。在这个时候，我们就要抉择一下：这一手牌到底是要做七对还是不做七对？这里有两个判断标准。首先需要看牌局的阶段。如果说这手牌是起手牌或在前面的三巡牌以内，就形成了这样的局面，手牌就已经达到四对。在这种情况下，即牌局还比较早的时候，建议大家不要去做七对。为什么呢？我们来看一下，如果说我们一开始就做七对，后面这一手牌就显得非常被动。你要做七对，也就意味着别人打出来的这些对子，任何一对你都是不能碰的。所以这手牌要碰就一定要早一点碰。如何判断什么时候该碰，什么时候不该碰？大家只需要把握一个原则：如果牌局较早出碰，不建议去做七对，因为碰掉这手牌才能够向前推进得更快，不然越到后面越是被动。假设打出来一条，我们就选择碰掉，碰掉之后打三筒也可以。那么别人再打出来，我们继续选择碰掉，手牌基本上可以来到一个一进听、二进听的状态，而且我们的手牌也会变得非常灵活，不至于一直卡死在七对上面。那么如果牌局已经来到中期后，假设河里面已经出现手上这些对子中的两个或三个对子，比如河里面已经现一张一条、一张八万，且五筒的中心张本来就不好碰；那么这个时候，你就可以选择坚定地去做七对。因为做七对会使后期摸来这五张牌当中的任何一张都形成一个三摸一的局面，手牌就会来到一进听牌。

大家要知道，一门牌总共就四张，你手上拿掉两张，外面只剩两张了。这个时候，牌局已经来到中后期，别人会轻易打出来给你碰吗？当牌局已经来到中后期，你还想去碰这样的对子是很难的。我相信有一定麻将水平的人应该都不会轻易打出这样的牌给你碰，所以碰掉这张一条之后，一旦你碰不到剩下的三个对子，那么你的手牌就会变得非常被动。而且在这牌局后期，即使你能够实现听牌，也很有可能听在这三个对子上面，对对和的听牌效果并不是很理想。所以大家记住一个原则，就是来到中后期之后的手牌还有四个对子，此时可以选择做七对，就不要去碰了。另外，如果去碰的话，就会增大下家的竞争机会。由于从麻将战略出发是要控制下的，所以你碰得越多，下家摸牌的机会就会越高。来到牌局中后期之后，你让下家摸牌的机会越多，那么下家自摸的可能性相对就越高。

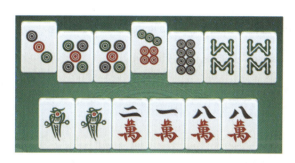

图4.4.2　七对拆牌

接下来讲一下，如果我们选择坚定地去做七对，这种情况应该怎么留牌？比如这手牌，我们选择做七对，在这个时候应该先拆掉哪一张？假设下一巡牌我们摸上来一张六筒，形成一副成牌，那么这个时候，这三张单牌中，我们选择拆掉哪一张？大家要记住，在拆七对留牌时，拆出去的是我们的尖张牌，那就是三筒。因为我们经常讲金三银七，三和七的利用价值都是比较高的，所以我们就要先拆掉这种尖张牌，留下别人不太需要的边张牌。为什么？第一是后期如果能够听牌了，别人留不住，更容易和出。所以讲到这里，大家就会发现，做七对时的拆牌顺序，跟平常按照最大概率打法去打的拆牌规律是不一样的。平常我给大家讲的是先打边张牌，但这里恰好相反，我们要先拆掉三四五六七的中张牌，留下边张牌，才是正确的选择。这是打七对的技巧之一。

图 4.4.3　七对单吊

接下来我再来讲一种情况。如果我们的七对已经做成功，来到听牌的局面，那么到底应该听哪一张牌，也就是去单吊哪一张牌？这是非常考验大家技术的。在之前的课程里面，我给大家讲的听牌原则、牌面价值，大家同样要遵循。第一个原则是别人留不住的就是好的听牌，比如这里我们不打一筒就要打六筒，打一筒听六筒，打六筒听一筒，这两张牌的价值到底哪一个更高，取决于我们对当时场上形势的分析。

首先，别人留不住的，就更有可能打出来。怎么去判断？根据断张的原则，比如一筒上面的二三筒出现了断张，那么别人拿到这张一筒，它的利用价值就会非常低，打出来的可能性就会更高。同样地，这张六筒，你也去看一下它周围的牌，看旁边的五筒、四筒，以及旁边的七筒、八筒有没有出现断张的情况？如果出现了断张，那么这种就是非常优的选择。其次，我们要分析一下需要的这一张牌到底还有没有在余牌里面，这就需要结合拆牌的课程来判断我们需要的这一张牌到底还在不在余牌里面。或者说虽然这张一筒看起来非常好、非常漂亮，河里面一张都没有，但是如果别人手上拿着三个一筒，你去听这张一筒也是毫无意义的，你永远都和不了牌，这个考验的就是大家对场上形势的分析。

我们来共同总结一下打七对的技巧和方法。核心知识点是判断什么时候该做七对，什么时候不能做七对？我们听牌之后到底听哪一张牌，自摸和和牌的可能性更高？思考好这两个要点，你就能够打好七对。希望大家在实战的过程当中反复练习。当然，七对属于大番型牌型，说明你当天的牌风很顺。大家切记，做大牌只能够顺势而为，不能逆势而上。当你的牌风比较顺的时候，你可以去"贪"一下这种七对的大牌。当你当天的牌风很不顺的时候，或者处于逆风局中时，就无须强行贪七对做大牌。

4.5　逆风局打法

这节讲解的是逆风局的打法技巧，这节应该是很多人都非常关心的一个话题，也是在教学实践过程当中，很多人经常会问到我的一个问题：牌风不顺，陷入逆风局当中时，应该如何去打？

我们在这节重点地讲解一下。我们要打好逆风局，首先要认识逆风局。那么到底什么是逆风局？在我谈到这个话题之前，大家思考一下：产生逆风局的原因是什么？逆风局之所以会产生，其原因是纷繁复杂的，有可能是你跟牌友之间的关系，也有可能是由于你当天的精神状态不好，违背了我们第一节课所讲的"麻将四三二一定律"。原因很多，但是逆风局的特点是相同的。

逆风局的特点总结为三个：第一是进张不顺利，第二是听牌和牌非常困难，第三是点炮非常多。在这样的一种情况下，满足其中一两个特征，我们就可以把当时的牌局称为逆风局。不知道大家有没有总结过，有些时候，在麻将的实战过程当中，我们的起手牌并不是很好，但是进张是顺利的，所以牌风也是顺的。逆风局往往是我们起手牌很好，但就是不进张，摸个三巡、五巡下来，却一张有用的牌都没有，这种情况下，要去听牌和和牌显然非常困难。第二个特点就是听牌和和牌困难，明明是一进听，但是摸了很久都摸不到我们需要的那一张牌。还有就是听牌听得很早，甚至听得很好的两面听或三面听，依然和不了牌，有可能被对手单吊自摸，把自己和牌的梦想扼杀在摇篮当中。第三个特点就是点炮多，往往是很多清一色或很多大牌都由我们去点炮，牌局来到中后期，我们自己听了牌，然后突然摸到一个生张，想着去冲一把，一打出去就是点炮。那么在这样的情况下，逆风局应该怎么去打？

接下来给大家分享三个技巧，用来扭转我们的逆风局。这三个技巧是在麻将的实战过程当中不断总结出来的。我相信如果你能够准确地掌握这三个技巧，并且能够在实战的过程当中灵活运用，就可以尽快从逆风局中走出来。

◆扭转逆风局的第一个技巧：稳住心态

在逆风局当中，往往新手，甚至一些麻将老手，都会出现心态失衡，甚至崩溃。我经常讲修炼牌技要先修心，如果你的心态不够好、心理素质不够好的话，在逆风局当中肯定就受不了，心态肯定容易崩掉。心态出现问题了，其他技巧是使不出来的，是用不上的。所以最为基础的一个技巧，就是要稳住心态。根据之前的"麻将四三二一定律"，心态在麻将的实战过程当中影响胜率的比例占到30%，所以稳住心态非常重要。当然，我在这里可能只是一句话带过，但是在实战的过程当中，你自己能不能做到呢？这个需要不断地修炼，学习麻将的技巧可能是通过看教材或视频认真地学习，不断地琢磨和总结就能提升，但是心态的修炼是一个更深层次的过程。常言说得好，"江山易改，本性难移"，每个人的心态和心理承受能力是不一样的。那么该如何去稳住呢？如果遇到逆风局，你第一时间就要想到稳住心态，那么这个时候最有效的办法就是自我暗示，稳住心态，冷静下来。稳住心态的第一点是要做到深刻地理解麻将的本质是概率论和博弈论。这个概念很重要，大家要特别重视。既然是概率论，牌好或牌差都是一时的，不可能一直都不顺，要有这样一种心理建设，保持一颗平常心，胜不骄、败不馁。我经常看到有些麻友在实战的过程当中，赢了就嘻嘻哈哈，输了就愁眉苦脸。这种麻友就是典型的心态不够成熟的，我们一定要规避这样的情况。在逆风局当中稳住心态，就是要不断告诉自己，千万不要慌，不能自乱阵脚。如果连你自己都乱了，那么你的牌会越来越差。当心态不好的时候，你会发现起手牌也跟你的心情一样糟糕。所以一定要保持冷静。冷静之后，你才有精力去分析牌局。在逆风局中，不能以抱怨的心态、生气的心态去处理手牌，只有这样，我们才能做出最准确的决策。

◆扭转逆风局的第二个技巧：迂回战术

防守包含迂回战术、游击战，通过迂回战术去腾挪、扭转逆风局面。麻将既然是博弈，那么我们起手牌拿到的或者每一巡摸到的牌，都是非常有利的战斗武器。麻将的实战就跟打仗一样，当起手牌不好或者陷入逆风局当中的时候，一定要考虑一个事情，就是我们现在的实力比较弱，如果想要跟对手硬碰硬，很有可能是以卵击石。所以大家记住，牌风不顺的时候一定要慢慢地养，养精蓄锐之后，再去跟对手进行较量。当牌局陷入逆风局当中，因为当时自己的实力不足而被别人围追堵截了，这时我们就要采取迂回战术，以求得一线生机。如果我们能够活下来，那么就只需要静静地等待机会，等到我们的实力强大了，等到机会来临就把握住机会，从而掌握整个战局。

图4.5.1　逆风打法

　　回到我们的麻将实战过程当中，大家看这一手牌，假设这是起手牌所拿到的，大家觉得这个牌是好还是差？肯定是非常差，没有一副完整的成牌，只有一个四五条的两面搭子，其他全是卡张搭子、边坎搭、孤张。在这样的情况下，如果说要想去打进攻，我们还想着要听牌和和牌，大家可以想象难度有多大，即使我们每一张牌摸上来都是有用的，也需要摸很多张牌才能够实现听牌，更何况不可能每一张牌摸上来都是有用的。所以在这个时候，我们就要转变思路——打防守。大家要养成一个习惯，起手就要定攻防，不论我们是顺境还是逆境，都要养成这个习惯，这是战术兼战略的打法。每一次起手牌拿上来，都要有一个判断，即这手牌是好还是差，是要打进攻还是做防守，心里一定要有一个数。很多麻友打不好逆风局的一个重要原因，就是自己陷入逆风局当中还浑然不知，还要弯着腰往前冲。当起手牌很差的时候，如果还想听牌和牌，盲目地打一些生张出去给别人碰牌，反而加速了别人的听牌和和牌，无疑让自己胜利的概率变小。在这种情况下，我们去主打进攻，其实并不是自己在进攻，而是在助攻对手往听牌和和牌的方向更进一步，而我们自己离战局的胜利只会越来越远。这节是纯粹的理论，是心法、是战略，基础比较差的玩家可能不一定能够马上领悟到。但我相信大多数玩家是能够领会我所讲的精髓的。

◆扭转逆风局的第三个技巧：反常规打法。

在麻将实战过程当中，四家人坐下来的位置相对来说是固定的，会形成一个固定的摸牌顺序。由于每一家人打牌的风格都不尽相同，有的人喜欢打生张，有的人喜欢盯熟张。打牌的风格不同，就会形成摸牌的顺序，也就是我们常说的"牌流"。牌流可能会把自己带入一个逆风局的旋涡当中。在这种情况下，我们要尝试反常规打法。当然，这是在上一个技巧迂回战术防守策略之下，且发现作用不明显的情况下，才采用的一个策略，是反常规打法，属于是没有办法的办法。我们要进行绝地反击，不能坐以待毙。

打好逆风局的三大技巧是有步骤的，第一个是稳住心态，第二个是迂回战术，第三个才是采取反常规打法。这样的极端手段不到万不得已也不要运用。我们采取反常规打法的一个目的，是要改变摸牌的顺序，因为当前摸牌的顺序和牌流对我们非常不利，要尝试着去改变。大家只需要记住，该碰的不碰，不该碰的碰。

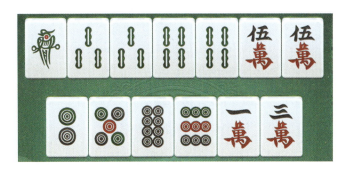

图4.5.2 逆风打法案例1

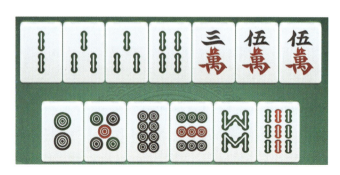

图4.5.3　逆风打法案例2

再延伸一点来讲，上面两个案例中的第一个案例，我们手牌有一三三四四条，对五万。如果说此时对手在河里面打出来三条、四条、五万的话，按照正常来讲，我们是要选择碰掉的。但是如果说此时陷入逆风局当中，建议大家不要去碰，尤其是上家打的牌。在逆风局当中有一个非常重要的技巧，就是多摸牌、少碰牌，因为如果我们多碰牌，那么下家摸牌的机会就多，甚至另外三家摸牌的机会都多，自己摸牌的机会就少。所以要记住，在逆风局当中要多摸牌、少碰牌，甚至可以拆掉一对三条、一对四条、一对五万去打。

再来看第二个案例，二三三四条，三五万，这个时候如果河里面有人打出来三条，按照常规我们是不能碰的，因为这三条属于爆肚子牌型。根据之前给大家介绍的内容，这个时候不适合选择碰掉，碰掉之后的二四条还需要再进三条，这个可能性非常低。但是为什么在逆风局当中要选择碰掉？碰掉之后，尤其要去碰掉牌风比较旺的那一家打出来的牌。碰掉之后，就可以把对方的牌调到我们这里来摸，这样我们就能够改变一个摸牌的顺序。因为在实战的过程当中，摸牌的顺序就像一个逆时针旋转的齿轮，所以此时如果选择碰掉其中一家打出来的牌，齿轮就会整体打乱，每一家摸到的牌就会跟我们没有碰牌之前的顺序完全不同。当然，采取反常规打法所带来的效果，并不是说一定能够100%地把手牌打为理想的状态。但在逆风局当中采取防守策略、迂回战术之后，发现效果不明显，这个时候我们就不能再坐以待毙，可以采取两三把反常规打法。如果说打两三把之后，发现手牌进张比较顺利了，这个时候按照正常的打法，以最大概率打法去打就行。

总之，麻将牌局是千变万化的，我们要根据牌局的不同情况来选择不同的策略，而不是一直去选择反常规打法。反常规打法只能是在迫不得已的情况下使用，而且不可能长时间使用。总体来讲，麻将实战还是要按照我之前给大家介绍的最大概率打法，就是往听牌和牌的方向走，打出最大概率的牌才是正确的。最后，一起来回顾一下本节的重点知识。

在逆风局当中，我们采取的策略：第一是稳住心态，第二是迂回战术，第三是反常规打法。这三个技巧的使用是有先后顺序的，稳住心态贯穿于我们麻将实战的始终，一定要戒骄戒躁，努力地做到胜不骄、败不馁，保持平和的心态。那么有的玩家会说：如果以上几个策略都用完，还是不行，该怎么办呢？

这个时候"三十六计，走为上计"，奉劝大家一句，切忌越陷越深。很多麻友都有这样的习惯，尤其是在自己输牌之后，越输越想打，越输越想赢，结果越陷越深。这个道理是很好理解的。当你牌风不顺或陷入逆风局的时候，整个精神状态和心态，包括你的手牌、你的思路都是出现问题的。然而你的牌友由于在牌风上已经占据上风，这个时候他们各方面的状态，包括精神、心态、思路状态都比你好。所以当采取足够多的策略之后，如果依然没有改变局面的话，那么我建议选择撤退，及时止损。正所谓"留得青山在，不怕没柴烧"。

这一节的内容虽然都是纯粹的理论，但我希望大家都能够听进去，并且努力地在实战过程当中进行修炼，发自内心地认同和领会其中一些精髓和本质的东西。当你看多了，自然就会认同；认同了，你自然就能做到。打麻将本身也是一个修炼的过程，不论是技术还是心态，都需要不断地修炼。

4.6 起手定攻防

本节，我们来讲起手定攻防的重要意义，以及该如何做好定攻防。为什么要做定攻防？打麻将就跟打仗是一个道理的，如果你不去定攻击或是防守，盲目地去打进攻，最终的结果就是输得更快。由于在牌风不顺的情况下去打进攻，你的条件不足以让你强行打进攻，最终结果就是加速别人听牌和和牌，到最后自己既没听牌，也没和牌。这是一个很通俗的道理。起手牌定攻防很重要，接下来，我们通过三副牌来给大家做一个深入的解析。

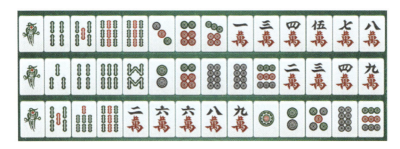

图4.6.1 起手定攻防

首先看第一副牌，打掉一条之后，这手牌是一个二进听的牌型，手上有一对将，还有一副成牌，手牌处在二进听，这种牌属于可以打进攻的牌型，通俗来讲就是好牌。第二副牌大家看一下，第二副牌同样有一个对子，还有一副成牌，但是其他搭子都比较差，孤张、散张、散牌也比较多，这种情况属于正常的普通牌。这种普通牌属于攻防兼备的牌型，也就是我们打掉一张牌之后，看摸牌的情况来定进攻还是防守。比如，我们打掉一张，下一巡能够摸上来七条，那手牌就变得比较漂亮。同理，打二筒或者打九万出去，这手牌就来到比较好的局面，这种属于攻防兼备的牌型。这种搭子可以边打边看，根据摸上来的牌去做进一步的判断。第三副牌例就比较差，手上只有一对六万，其全是一些卡张搭子，最重要的是，这种单牌比较多，卡张牌、边张牌比较多，这种牌你要想进张都非常困难，这被称为烂牌，是绝对要做防守的一种牌型。

其实只要打过几年麻将，大致就能判断起手牌到底是好还是差。大家要学会把它分为三类：好、中、差。好牌主打进攻，中等牌型属于攻防兼备，差牌属于绝对的防守型牌。做好牌型分类之后，我们该如何去定攻防？怎样去操作？

图4.6.2　进攻型

我们先来看进攻型牌型，比如这种进攻型牌型，此时有人在河里面打出来一张一条，建议大家不要去跟打一条。既然是打进攻，就要重张先行。何为重张？也就是生张先打掉，把手上的这种熟张当作安全牌，比如别人打一条，这个时候不要跟打一条，打三筒或者打一万都是比较好的选择。首先要打掉这张一万，其次下一巡能够摸上来这些单子随便进一张，继续打三筒，都不要去打一条，为什么不要打？因为它在河里面已经出现过，这种称为熟张，应该等听牌的时候再去打。但是像三筒这样的尖张，如果留到后面再打，点炮的可能性就会大大增加。所以进攻型打法一定要重张先行，不要去跟打熟张，这样做至少有两个好处。第一是生张留到后面容易点炮，第二是加速摸牌的进度，打出去生张，别人容易碰，有可能对家碰，也有可能上家碰，但是不管谁碰，都会加速你摸牌的进度，尤其是上家碰牌之后，牌风顺的时候可能马上就到你抓牌，也就能够更快地实现听牌。手牌好就不怕打生张去给别人碰，让自己多抓牌、多进张，也就能早一点听牌。

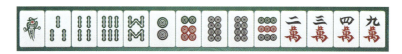

图4.6.3　攻防兼备型

第二副牌是属于攻防兼备的牌型。别人在河里面打了一条，这个时候你可以跟打这张一条，先跟打这一张一条，然后看下一张能够摸上来什么牌。如果摸上卡七条或卡七筒，就形成较好的牌型，可能由四进听变成三进听。在这种时候，手牌向前的话，我们根据1~2轮摸牌进张情况，就可以去打进攻。如果说你没有摸到有效进张，说明进张不顺利，继续打掉这张一条就不要去开生张了，因为这手牌就要由进攻转为防守。当进张不顺利时，我们就要由进攻转为防守，养成攻防转换的思维。第二副牌属于中等牌型，不要把它定死。到底是进攻还是防守，关键看开局的几巡牌下来，有没有摸到有效的进张。我们应该根据手牌的进张效果，来确定是进攻还是防守。

图4.6.4　纯烂牌

第三副牌就是纯粹的烂牌，我们选择直接放弃。这种牌非常好打，懂得放弃是很重要的，别人打什么你就跟打什么，打一条你就跟打一条，打九条你就跟打九条，打二万你直接跟打二万。甚至别人打六万，你都可以拆着一对六万去打，因为这一把牌超过五进听。这种牌想要去听牌和牌，几乎是不可能的，所以需要我们主动放弃。但即使采取放弃策略，我们也不要去乱打生张，把牌局往后面去拖。大家要知道，麻将牌每一门只有四张，你手上多，别人手上就少，你不需要的牌往往是别人需要的，生张容易被别人碰，甚至容易被杠。

小结

　　所谓"起手定攻防"，首先你要判断手牌是好、中还是差，再根据自己的牌型、上张的情况来确定是要打进攻还是要打防守。进攻型牌型就是重张先行，多打胜仗；攻防兼备牌型主要看自己的上张情况，摸到有效进张就打进攻，如果没有摸到有效的进张就主打防守；烂牌其实是好打，主动选择放弃就可以，可以选择直接跟打熟张，让另外三家去厮杀。这就是起手定攻防的战术打法。你首先定完攻防，再按照攻防策略去进行操作。

　　如果你在此前打麻将时没有起手定攻防的习惯，则一定要把这种习惯养成，打麻将就是一个习惯养成的过程，最怕的就是没有章法，纯粹靠感觉，靠自己的一些习惯去打，关键这个习惯还是错误的习惯，是没有经过指点的习惯，想怎么打就怎么打。比如一副烂牌去打进攻，这是大忌讳。所以大家一定要把这个习惯给改过来，该打进攻打进攻，该防守就防守，让攻防思维不断地变化，你才有可能真正地处理好每一把牌。希望大家能够仔细地体会所学内容。

4.7　优化手牌的思维

　　手牌的优化是在实战过程中长期的运用技术，这一节我们来讲优化手牌的思维。所谓"手牌优化"，最主要的一点是要给自己的手牌留下足够的优化空间。简单来讲，我们需要培养一种长远的眼光，千万不能只看当下的牌局形势，一定要考虑2~3步之后的牌局情况。下面我通过两个案例来给大家进行分析和讲解。

图4.7.1　手牌优化案例1

　　首先来看第一个案例，像这样一手牌，我们应该选择打掉哪一张？咱们先把手牌进行分解，这里的七八九万是一副成牌，二四万是一搭，对六条一搭，三五条一搭，这里二三四筒一搭，一个三筒的单张。这样分解下来，我们这手牌是五搭牌加上一个单张。有的玩家会说这手牌简单。打掉这张三筒，手牌维持两对半的牌型，手牌已经听牌。如果是打三筒这么简单，我们就谈不上手牌优化了。大家可以来看一下手牌，如果说打掉三筒之后，后期进三万、碰四万、碰六条，都有可能听在卡四条上面，所以手牌优化就是要让自己的手牌由差变好。在这手牌中，三筒是一个关键点，如果此时我们随意打掉三筒，其实就破坏了手牌优化的一个可能性，留下这张三筒，摸来一筒、二筒、四筒和五筒都可以使整手牌得到一个很好的优化；若留下三筒，其实可以选择打掉这张二万，打掉二万，只丢掉了一个三万的进张机会，后期摸上来一二四五筒，都可以起到很好的优化作用。然后继续打掉这张三条，手牌依然维持在两对半，而且整手牌变得非常漂亮。这就是手牌优化的思维。

图4.7.2　手牌优化案例2

我们再来看另外一副牌，大家又会选择如何打？首先同样先把手牌分解，这里五五七筒一搭，三四五筒成牌，三四条一搭，七九条一搭，对一万一搭，七九万一搭，这样分解下来一共是六搭牌。六搭牌就需要进行拆搭，有的玩家会说这手牌不拆七九万就要拆七九条，因为两个都属于价值一样的边坎搭，但是仔细分析，其实其价值是不一样的。我们来深入分析，七九万需要的是八万，这里七九条需要的是八条，如果从考虑手牌后期的优化角度来分析，那么七条得摸了六条才能实现优化，摸了一张六条，打掉这张九条，可以实现优化进的是五八条，但是三四条同样需要五条，所以它存在有效牌的重复。但是七九万就不一样，我们摸来六万之后，直接优化进五八万，它并不存在有效牌的重复。而且如果我们摸不来六万而摸来五万的话，它依然会形成一个五七九万的三连坎，因此，对于这一手牌，建议大家选择打掉这里的九条。

小结

1.想实现手牌的优化，首先要学会保护单张三四五六七这样的中张牌。

2.在拆搭的时候一定要多考虑几步，搭子旁边还有没有有用的牌，还能不能够跟它发生关联性。这也是需要思考的点，希望大家能够认真体会。

4.8 猜牌技巧

4.8.1 猜牌技巧（一）

本节我们来共玩家习猜牌技巧，该节内容应该很多玩家都非常感兴趣，也是非常想去学习的一个知识点。这个知识点的学习难度也是整个教学过程当中难度最大的。我想告诫大家的是，我们学习猜牌技巧的前提，还是要打好自己的手牌。这里给大家分享猜牌二八原则。什么叫作二八原则？就是你要做到用20%的时间去看自己的手牌，用80%的时间去看对手以及河里面的情况。简单来理解，猜牌和算牌都需要有足够多的时间和精力去进行，如果你连自己的手牌都打不好，是没有办法去做到猜测对方手牌的。所以我们需要有意识地练习猜牌技巧。这里希望大家都自我评判一下，看看自己的麻将水平在哪一个层次。如果说连自己的手牌都打不好，拿到一张牌还得想半天，那么在这种情况下，建议暂时不用学习这节内容，而是先去多实战练习，把自己的手牌打得非常明了，再来学习猜牌的思路和技巧。大家千万不要犯一个错误，就是为了猜牌而猜牌。因为我们自己要保证听牌的前提，很多时候，即使猜到算到，作用也不是很大。猜牌重要吗？肯定重要！它可以防止你打出去一些危险张，猜牌对牌局的进展有一个比较清醒的认知，但猜牌一定不是麻将当中最为重要的一个技能。最重要的技能一定是把自己的手牌打得很好，打出快速原则，运用好最大概率打法。在这种情况之下，再去学习猜牌，才有它的价值和意义。

为什么要学习猜牌？猜牌的重要性在于什么？它有助于我们对牌局有清醒的判断。麻将牌局是千变万化的，麻将过程是"识局者生，破局者存，掌局者赢"。实战中，猜牌就是一个必备的技能，只有当知道别人需要什么、不需要什么，我们所听的牌在牌山里面还有没有等情况，掌握了这些信息，才能做到真正的掌局，才能对局势有清醒的判断。这就是猜牌的重要性和必要性。

这一节的讲解将会从宏观到微观，从大到小地进行。既然是猜牌，先要明确猜牌只是一个大概率事件，若要100%猜到别人手上有什么牌，就必须有足够多的信息。一是大家一定要学会从宏观上进行判断和推测，能猜到一个大概，这是麻将猜牌技巧的第一层功力。要猜测对手的牌，首先需要掌握第一个知识点，麻将打牌的一般顺序，比如按照打牌的一般规律，要想听牌和和牌，正常来讲，大多数麻友打牌都会经历这么几个阶段，第一个阶段是要打出手里的字牌。如果你的玩法里没有字牌的话，这里可以跳过。第一个阶段先打字牌，当然是手里没有成对的字牌，也就是先打没有靠搭的这种字牌。第二个阶段会打手里的序数牌当中的一二八九边张，当然，一二和八九也是没有靠搭的单张牌。第三个阶段会打手里面的孤张，这是一般人打麻将所必须经历的阶段。当然，因为手里没有字牌，或者字牌是成对的情况下，或者说边张有一二八九成对的情况下，第一张直接打孤张。这三个阶段是大多数人打牌的一般规律。那么打完孤张、字牌之后，下一个阶段就会进行两个动作，第一个叫手牌的优化。因为打完孤张，还没有听牌，这个时候就要往听牌和和牌的方向进行手牌优化。

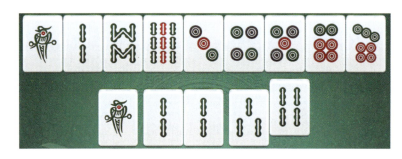

图4.8.1　猜牌技巧1

比如打完三四五六七这样中张的孤张之后，又打出来一张边张一条，这说明什么？说明刚才摸进去的牌对自己的手牌起到了优化的作用。他的手牌里面极有可能还有一对二条、三四条这样的牌。刚才它是一三条或者一二条摸上去的二条，打出来的一条，也有可能是一三条摸上去的四条，打出来的一条。通过分析，大家可以记住一个麻将口诀，即"早打无周边，晚打有周边"。

在实战的过程当中，比如对手早期打的是边张八条，那么我们就可以推断八条周围的六七八九条，对手手里都极有可能是没有的。又比如对手处理手里的孤张时打出来一张五筒，那么我们也可以推测其周边的三四五六七筒大概率是没有的，猜到对手没有什么牌也是非常有用的信息。我们记住打完孤张之后的阶段叫手牌优化。还有一种情况，比如打完孤张，又打出来一张边张，还有可能是什么情况？这就进入我们的第二个知识点。第二种情况称为闪避。什么叫作闪避？也就是在麻将的实战过程当中，为规避风险，比如说手里有七八九一副成牌，然后摸上去一张六条，这个时候因为河里面已打过九条，我们一般就会跟着打九条出来。这个动作用专业的术语来讲，就称为闪避。再结合下一步给大家讲的去观察对手打牌的方式以及理牌和插牌的方式，来进行综合判断，到底属于优化还是属于闪避，这样我们能比较准确地分析对手手上究竟有什么。所以我们在打完前面的三个阶段之后，后面经历的这两个阶段，第一个是优化，第二个是闪避。大家有没有发现后面这两个阶段的共同特点是什么？共同特点就是打出来的牌周围是有相关联的牌的，比如打一条，它周围有关联的，一对二条或三条，就是刚才那句口诀，"晚打有周边"的意思。我们去推测对手手里面有什么牌，这也是很重要的信息。不论是对手手里有的还是手里没有的，如果说能够猜出一个大概，这样对于我们进行舍牌是非常有用的。

小结

　　想要去猜测对方手牌，首先要明白手牌处理到了哪一个阶段，我们必须要明白手牌处理的几大阶段。第一阶段是字牌，第二阶段是打边张一二和八九，第三阶段是打孤张三四五六七。打完孤张之后会出现两种情况：第一是手牌优化阶段，第二是闪避处

理手牌。你自己是这么处理的，你的对手也就是这么处理的。想要去猜测对方的手牌，就要学会换位思考。因为其实对于大多麻友来讲，

经常在一起玩的几个麻友的水平都是差不多的，你怎么打，你的对手就怎么打。但是如果你会猜牌的话，你就能站在对手的角度去想，为什么他要这个时候打这张牌，可能就会给我们判断牌局提供很好的帮助。所以处理手牌的顺序，大家一定要熟练地掌握，对手从河里面打一张牌出来之后，你马上就要知道他这张牌到底是哪一个阶段，他是在打边张还是打孤张，还是在优化或者在闪避，一定要第一时间反应过来。结合以上知识点，就可以判断对手是否已经听牌，因为听牌和不听牌往往就是麻将实战过程当中的一个分水岭。如果说你能够判断对手已经听牌或者没有听牌，这对于掌握牌局也是非常有帮助的。

在实战过程中再给大家讲三个技巧。第一看进仓效率，所谓进仓效率就是有效的摸牌，进仓效率高，手牌的进张效率就高。第二看处在哪一个阶段。刚才提到处理手牌的几个阶段，字牌—边张—孤张—优化—闪避。看对手处在哪一个阶段，如果说对手还在打孤张，那么这个时候肯定是没有听牌的；如果说对手在进行优化和闪避这个阶段，那么对手有可能是听牌。第三看神态和动作，这个需要大家去培养观察力，一般来说，一个人如果听牌了，大概率就是摸一张打一张，而且神态是比较轻松的，就是一种等待自摸的心态，动作和神态上都是比较悠然自得的。如果是这种情况，我们也可以大概率判断他已经听牌。

4.8.2　猜牌技巧（二）

上一节讲到猜牌的宏观思维以及处理手牌的顺序，这节重点分享几个非常有用的猜牌口诀，以便大家在实战过程当中能够快速而准确地做出判断。第一个口诀叫作"一路不现必有鬼，整门不现大胆冲"。

图4.8.2　猜牌技巧2

我们来看这个案例，假设上面的两路牌中三四六七万、八九条、五条、九筒、七筒、二三筒、一条、九万、一万，这些牌在河里面已经出现。下面这手牌是我们手里面的牌，现在需要我们打一张出去，那么肯定要打掉二万孤张。如何判断我们打一张牌出去，有没有人碰呢？或者它的危险系数是高还是低？我们可以运用刚刚的这一句口诀"一路不现必有鬼，整门不现大胆冲"。一路不现必有鬼，大家发现没有？在河里面已经出过的牌，二五八万一个都没有出，这就称为"一路不现"。麻将线牌理论当中讲了，一四七为一条线，二五八为一条线，三六九为一条线，所以这里讲的一路不现，指的就是二五八这一条线，一张牌都没有舍出或者河里面出过很少。"一路不现必有鬼"的意思就是，如果河里面这一路都没有出现过，那么我们打出去的危险系数就很高，这种情况在杠上炮的局中要尤其注意。所以这手牌打出去二万的话，容易被别人碰牌。为什么这么讲呢？一路不现的意思为什么不现？那多半就是牌在别人手里面成了对子，因为旁边的牌都有出现。三万、四万、一万、六万、七万、九万都有出，那么大概率在别人的手里是一对带着一个单张，然后他把单张处理掉了。极有可能是在此之前的一个情况，就是别人手里是有一对二万的，然后他打出去一万，或者一对二万带四万，他打出去的四万，这就导致河里面出现一万、三万、四万、六万、七万、九万，但是唯独没有出二五八的这一条线。所以如果我们手里面现在需要打出去二五八万，大家就要小心一点。

图4.8.3　猜牌技巧3

现在我们把河里面的出牌的一个情况进行调整，大家发现了什么问题？我们大号的万字六七八九万都出来了，但是小号一二三四万一个都没有出，这就称为"整门不现"。"整门不现大胆冲"，我们打出去的二万多半是没有人碰的，为什么会造成这样一种情况？其实刚才的一路不现，也是同样的道理。一二三四万一个都没有出，那么多半的情况就是别人手里面是完整的成牌，或者是很好的搭子。比如一二三万、二三四万、二二三万这样的牌在别人手里拿着，因此不会打出来一二三四万。这就造成整门不现的情况。打出去二万的话，相对来讲是安全的，这就是"一路不现必有鬼，整门不现大胆冲"的意思。根据河里面的一个现张的情况，判断手里面的需要打出去的牌到底是否安全。

再接着来讲第二个口诀，"先六后八必有对九，先四后二有对一"。这个口诀是什么意思？假设我们的手里面有这样两个搭子，六八条和二四万，那么根据我之前给大家讲的各类搭子的价值和拆搭原则，大家觉得是要先打六还是先打八，是先打四还是先打二？如果说面临拆搭的情况，就要充分考虑拆掉一张之后剩下的那一张的利用价值。那么在这里六和八对比起来，六属于中张，八属于边张。在正常情况下，在拆搭的时候肯定要先打掉利用价值低的八。但是这里讲的是先六后八，先打四后打二。如果说有人在河里面这样拆搭的话，按大概率来推断，他手里面的牌极有可能是像这样的，先打六，因为八和对九还可以组合在一起，对于我们并不损失七条的进张，后期他有可能摸上去九条之后继续打掉这张八条。这就是先六后八，先四后二也是一样的。先打四，因为二和一对一万可以组合在一起，并不损失三万的进张。所以这就是先六后八，就要防对九；先四后二，就要防对一。

图 4.8.4　猜牌技巧 4

接着来讲第三个麻将口诀，"对手打出关联牌，多半还没有听牌"。这句话是什么意思？我们来看这一手牌，这一手牌已经来到一进听，手牌分解下来，这里一二三万成牌，六七八条成牌，对九条一搭一三筒一搭，对九筒一搭，六七万一搭。那么根据五搭牌原理，手牌已经来到拆搭的阶段。根据搭子的价值，这手牌只能拆掉这一三筒。比如对手先打了一筒，然后马上又打出来三筒，那么基本上就可以断定对手是还没有听牌的。那么此时，如果说打出去一张一筒，然后又打出一张三筒的话，说明他还在拆搭。正常来讲，如果一手牌已经听牌的话，他一般不会打出两张关联牌，这基本上进入一个摸打的阶段，是不会连续打出两张关联牌的。如果说连续打出两张关联牌，反过来讲，对手多半就是没有听牌的。当然也有可能他刚巧打完一筒之后就摸上来一张有效进张，比如说摸上来一张九条或者摸上来五八万，就实现听牌了。但是从大概率来讲，对方还在调整自己手牌的阶段，那么多半可以断定他还没有听牌。这里给大家强调一下，对手打出来关联牌，这是一个非常重要的信号，大家一定要注意观察他打出来的两张牌之间有没有联系；如果说有关联，那么基本上就是我讲的这种情况。他虽然没有听牌，但是已经按照处理手牌的顺序，来到六搭变五搭的拆搭阶段。

图4.8.5　猜牌技巧5

接下来讲第四个猜牌口诀，"碰听舍出生张来，八成不是要邻牌"。这里所讲的"碰听舍出生张来"，就是对手碰掉一张牌之后打出来一张牌，分三种情况。第一种情况，比如手牌有两对。假设碰掉这一对八筒之后，需要打出去一张牌，不论打六条还是打二条，假设打二条就听卡五条，打六条就听卡三条。假设打掉六条之后，听卡三条，那么所听的三条打出来的是六条，六条并不是三条的邻牌，因为三不能靠搭六。第二种情况，假设碰掉一对八筒之后，打出去九条，那么听的是五八万，也跟九条无关。第三种情况是碰对八筒打出去的八万，和的是一四筒，也跟一四筒无关。所以当对手碰完一张牌，打出来一张牌之后，多半，我们继续打出去，他所打的这张牌的周围牌都是安全的，这在报"听"的牌局中应用得尤其多。

其实在实战的过程当中，对手打到河里面的牌基本上就是他所不需要的牌，他最后也不会把听牌听在他已经打过的牌上（除非退张）。所以当我们分析某一张牌是否安全、是不是炮牌的时候，就可以观察对手已经打出来的牌，再结合之前给大家讲的断张理论的封闭效应等综合判断。

小结

1. 一路不现必有鬼，整门不现大胆冲。这个用来判断我们打出去的某一张牌是否安全。

2. 先六后八必有对九，先四后二必有对一。这个可以用来分析我们打出去的牌会不会被别人碰。

3. 对手打出关联牌，多半还没有听牌。这个可以很好地判断对手是否听牌。

4. 碰听舍出生张来，八成不是要邻牌。这个可以很好地判断某一张牌会不会点炮，其实避免点炮的一个最有效方法就是排除法。你能够排除某一个范围的牌是对手不需要的，这样你的点炮概率就会大大地降低。

4.9 如何防止手牌被看穿

这一节来讲如何防止对手看穿自己的手牌。前面几节给大家讲了如何去看穿对手的手牌，如何去猜测对方的手牌。在实战过程当中，我们要学会去猜测对方的手牌，同时要防止自己的手牌被对方给看穿。

今天给大家分享几个小技巧，防止对手看穿自己的手牌。

◆第一个技巧，不要有强迫症，不要每次都把自己的手牌理得非常整齐。有的玩家甚至必须要从左往右，由小到大来排列，这种就是错误的，千万不要有这样的强迫症。还有的玩家是每一门牌所放的位置都是固定的。

◆第二个技巧，当我们摸上一张牌的时候，先不要着急把这张牌插到牌墙里面。我建议所有玩家摸上来任何一张牌后，都统一放在我们手牌的最右边，趁下家去摸、打的时候，再把这张牌放到牌墙里面，并且迅速地把牌墙恢复整齐，不要留下痕迹。

◆第三个技巧，当我们摸上一张相同的牌时，建议大家把摸上来这张牌换手里面的这一张打出去迷惑对手。

◆第四个技巧，"天下武功唯快不破"，所以我们摸牌时一定要迅速，打牌也一定要迅速。当我们要打一张牌出去的时候，不要犹犹豫豫地从牌墙拿出来，让别人知道你的牌的摆放位置。要打的牌可以先提前拿出来放在右手边，打出去了之后再来恢复手牌，而且要快速。以上我所分享的四个技巧，如果你都能够熟练地掌握和运用，那么一般对手是看不穿你的手牌的。

4.10　判断对手是否听牌的八大技巧

在麻将的实战过程当中，该如何判断对手是否听牌，掌握好这个技

巧，对于麻将实战当中的猜牌有很大的帮助。这节，我会给大家分享8
个有用的技巧。

◆第一，很多人在麻将实战过程当中都有一个习惯，听牌之后直接
就摸一张打一张，想都不想，直接往河里面丢，再摸一张无用牌就直接
丢。这个时候，他往往摆出一副志在必得的样子。那么在这种情况下，
大概率就可以判断他已经听牌。

◆第二，有些人在实战过程当中讲话比较多，突然摸上一张牌之后，
就东看看、西瞧瞧并快速思考，思考完之后从手上打出去一张牌，紧接
着又摸到一张有用的牌，那么他很快地插到手牌里面。过了这个阶段，
他本来刚开始不怎么讲话，然后开始变得话多，开始笑逐颜开，此时大
概率可以判断他是已经听牌。

◆第三，在实战过程当中，他看河里面的时间居多，这个时候牌局
已经来到中期，他基本上不怎么看自己手牌，更多的是看河里面的现张
情况。那么从这种情况中，大概率可以推断他已经听牌。

◆第四，在实战过程当中，你从他的眼神和表情当中看出来，他是
焦虑紧张的、犹犹豫豫的、神色慌张的，然后突然摸进来一张牌之后，
又露出非常轻松、愉快的表情。此时牌局已经来到中期，那么很有可能
他已经听牌，而且可能听的是一把大牌。

◆第五，你的某个牌友在实战过程当中，如果平时摸到这种生张、
边张、危险牌、河里面没有出过的，他多半都会犹犹豫豫，但在这个时
候他不怎么犹豫，果断地选择打出，那么从这种情况中，大概率可以推
断他已经听牌。

◆第六，有一小部分打麻将的人喜欢在听牌之后把自己的手牌盖起来，然后摸一张打一张，显得非常自信、非常从容的样子。那么其实这样盖起来，你只要跟他多打几次麻将，稍加观察就会发现，他每次听牌都喜欢把牌盖起来，生怕别人不知道他听牌。然后当他突然摸到一张很关键的牌的时候，就会把牌立起来，左看看、右看看，然后思索着再打出去某一张牌。这个时候，我们也可以判断对方已经听牌。还有一种情况是有的人明明没有听牌，他也喜欢把牌这样盖起来，给别人造成一种他已经听牌的假象。但是这种大家也不用担心，你只需要观察他连续摸到三张牌之后的反应，因为如果他是没有听牌的，必然会调整自己的手牌。但是如果他是听牌的，那么他调整自己手牌的动作就会非常少，你连续观察他摸打三张之后，就能够做出非常清晰的判断。

◆第七，我们的很多新手麻友在实战过程当中喜欢把自己的手牌排成两排，那么前面基本上就是已经成型的牌，后面是需要调整的手牌，直到他的手牌不断地进张优化，把所有的排都排成一排。这个时候，我们大概率就可以推断对方已经听牌。还有一种情况是有的新手麻友，当他听牌了，手上留着一张比较危险的牌，这个时候他就会左看看右看看、然后突然打出去，说一句"拿去和"或者说"这张没有点炮"，那可以推断他基本已经听牌。

◆第八，前面给大家讲的这七个技巧可以用来揣摩新手，或者一些刚开始学打麻将的人。那么最后这个技巧，不论是新手还是高手还是老手，都必须会运用的。去揣测对手有没有听牌，最主要的是要看对方的打牌顺序。按照正常的打牌规律，我们一般都是先打出边张一九或二八这样的边张，其次是打掉手里的孤张，再次是选择拆搭。根据五搭牌原理，比如先打出一张一万，随后打出来一张三万，这个时候就很明显说明他正在拆搭，他的手牌最差也应该是二进听，甚至是一进听。那么拆搭完成后，他又摸上去一张有用的牌，只是从手里面打出来一张边张或一张比较生的牌。那么这种情况下，说明他的手牌进到一张有效进张，这时释放了一个比较明显的信号——他现在的手牌应该已经听牌。

小结

我们要想准确地判断对手是否听牌，一定要进行一个综合的分析，从对手的动作、神态、眼神、语言，以及微表情等辅助分析。同时更重要的是，要对其手牌顺序进行一个分析，把二者结合起来，才能够相对准确地判断对手是否已经听牌。

4.11 中局如何做形势判断

牌局进入中局，我们该如何做进行形势判断？很多麻友之所以麻将实战的胜率不高，就是因为不会做中场的形势判断，搞不清楚什么时候危险、什么时候安全，导致自己在实战过程当中，该进攻的时候不敢进攻，不该进攻的时候盲目冲锋，导致放炮。在开始讲形势判断之前，我们先来看如何分析另外三家有没有进张。在之前的章节中，我给大家讲过如何判断对手听牌的技巧。这里再给大家分享两个非常重要的点，尤其在牌局来到中局之后，第一点就是另外三家的哪一家先打出中心张，所谓中心张，就是三四五六七。如果有人先打出中心张，那么说明他的手牌进张效率还是比较高的，已经来到打中心张的阶段，这是第一个判断标准。第二点就是拆搭，如果说对手在拆搭，那么基本上可以判断他的手牌至少已经来到听牌的阶段。

图 4.11.1　形势判断 1

比如对手连续在河里面打出一张一筒，又打出一张二筒，然后他又碰这张五筒，如果他连续有这样的动作，那么我们基本上可以判断他的手牌已经听牌。比如像这样一手牌，我们已经听张，这个时候摸上来一张三条，牌局就来到中局，有的麻友摸上来这张三条感觉比较安全，但是判断得不是很准确。在实战过程当中，这个时候判断的不准确，他就不敢冲三条而改为防守，那该怎么打呢？大多数麻友会去拆一二筒，因为一二筒相对安全，他就会打出去这张一筒；但是殊不知下一圈就把这个三筒给摸上来，然后又再冲这张三条出去。结果三条打出去一点问题都没有，这就是对形势判断不是很准确的情况。

在实战过程当中，一般来说，除非你真的判断这张三条，某一家确实要这张三条判断100%，你才不去打三条，因为不打三条去打这张一筒，回头又摸上来一张三筒，这种打法就非常伤士气，而且别家能够从你的眼神、动作当中看得出来，你有一个后悔的表情，这对于我们的士气而言就是非常大的伤害。即使我们这张三条打出去放炮，也得打。如果这张三条冲出去，没有点炮而转手把三筒摸上来，自摸边三筒，那么这一把牌会给我们的气势增加很多，而且对对手也是一个非常大的杀伤。根据收益与风险对等的原理，当风险和收益是对等的情况下，我们从大概率来讲就是要勇敢地冲锋，打出三条。

图 4.11.2　形势判断 2

接下来看这一手牌，这个时候我们还没有听牌，其他都是一样的。刚才的六七八条，现在是七八八条，在种情况下，我们没有必要去盲目地冲锋三条，因为不对等情况下打出三条有可能点炮，这个是风险。但是你不会自摸三筒，因为这个时候你还没有听张，所以不建议大家去冲三条，因为风险和收益并不对等。那么有麻友就会问：这一手牌我们不打三条，那我们打什么呢？我会在后续的章节当中给大家讲清楚腾挪打法的运用，在不放炮的前提下，该怎么维持手牌再一进听牌。通过这一节内容，重点给大家传递的是麻将中局如何去做形势判断，以及什么时候该打进攻、什么时候该打防守，以避免盲目地进攻和盲目地防守，希望大家认真地思考一下，然后结合自己的实战来进行运用。

4.12　听牌的原则和技巧

这节的重点内容是教大家如何在实战过程当中正确地选择好的叫要口，以及听牌和点炮发生冲突的时候，该如何选择。众所周知，听牌要尽可能地听别人不需要的、别人留不住的牌。什么叫别人不需要的呢？简单来理解，就是河里面已经出现过的熟张，听牌要听熟张，不要听绝对的生张，因为绝对的生张极有可能就是在别家手里面成了对子或者是刻子，或是一副完整的成牌，在牌山里面的可能性比较低，所以大概率建议大家选择去听熟张。在可以点炮的局里面，别人既然已经打出来，那么下一次再摸到相同的牌，大概率也会打出来，这样也就能够提高和牌效率。此外，别人也会跟打我们河里面的熟张，从而点炮。因此，听牌时的主要原则，第一就是要听熟张和别人不需要的牌，第二是要听别人留不住的牌。那什么样的牌是别人留不住的？

图4.12.1　听牌

看这样的案例。如果说我们手里面有这样的好的听口，那么它的和牌效率肯定高。那么比如我们这里有三个四万，然后有五万和三个六万，这样的听牌范围是很宽的，称为双暗刻牌型。下面组合三个八万带九万，这种称为顺刻牌型。这两种的胡牌率都是很高的，为什么高？就是因为别人留不住。比如说手里面有三个八万，那么三个八万根据之前给大家讲序数牌的封闭效应，即手里三个八万。比如河里面此时又有一个八万，八万就出现了断张，对于断张九万，别人留住的可能性就非常低，除非他手里面有一对九万，摸到九万之后能靠得上，不然的话都是留不住九万的。这种牌就称为别人留不住的牌。所以在叫口的选择上，有机会的话，尽可能选这种别人留不住的、上下出现断张的牌，这样就会形成一个挤出效应。在别人手上，他的利用价值会变低，变低之后舍出来的可能性就高。那么在可以点炮的局里面，我们把叫口听在这种别人留不住的牌上面，就是一种更好的选择。有时看到某一张牌是别人留不住的，这个时候即使是双面进的，有机会也得把它改成单吊这一个绝张。比如四个八万断了，九万有一个在手里，河里面又有两个，这样总共去掉三个，剩下的一张九万谁都留不住，除非对手也跟你一样是单吊九万。这个技巧适用于任何麻将玩法。不论你是单吊七对也好，还是小牌叫口的选择也好，大牌的叫口选择也好，都必须遵循这个原则。

如果你的玩法里面不能点炮，只能自摸的话，大家就没有必要遵循这种原则。我们可以选择听生张，听河里面没有出现过的这种牌，也是可以的。因为不能点炮的局，别人就不会盯熟张出来，也不会造成点炮的情况，所以我们要尽可能地靠自摸，听生张的叫口。但是在大部分的情况下，建议大家选择听熟张和听别人留不住的牌。

第二点是考虑听牌的灵活性和后期优化空间的问题。这手牌已经听牌，但是这手牌后期还有没有改进的空间，这是一定要提前考虑的问题。

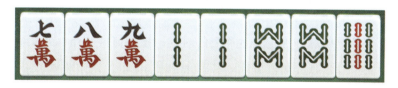

图 4.12.2　案例 1

首先，来讲一下听牌的灵活性问题。比如这样一手牌，到底是听对倒还是听卡张，就需要结合当时的一个牌局情况。如果说根据牌面的情况，二条和八条还有碰的机会的话，就果断选择打掉这张九条，争取去碰二条、碰八条，碰完再退九万，就能听到六九万。如果说二条和八条都没有碰的机会，那么很明显应该打掉八条，选择听这个边七条才是正确的。这就是听牌的灵活性选择问题。

图4.12.3　案例2

又比如这样一手牌，你是选择打掉三六筒来听八筒和九条的对倒，还是打掉的八筒来听这个卡七筒呢？在这里，我的建议就要打掉这张八筒听卡七筒。为什么？因为这里有一个三四五六筒的四连牌型。之前给大家讲牌面价值判断和各类搭子价值的时候，就讲到四连牌型，后期优化空间很大，因此在这里考虑后期优化空间的问题，保留四连牌型，用一对九条去做将，先打掉八筒。后期如果说我们摸来三四五六筒的靠张的话，就会对整手牌形成优化。比如摸来四筒是两面听，摸来五筒也是两面听。所以，这手牌选择打掉八筒听卡七筒，看似听牌效果不是很好，但是后期的优化空间确实很大。这就需要在实战的过程当中留意手牌有没有后期优化空间很不错的搭子，才能做好判断和选择。

第三点是听牌和点炮发生冲突的时候，该如何做选择？大家要明白一个道理，麻将是以和牌为主，不是以听牌为主的，听了牌不等于和出。很多新手是只要自己听了牌，不论生死，不论生张还是危险张，都敢往前冲。这种属于典型的点炮型选手。点炮之后还以为是因为手气不好、运气不好。尤其是在实战过程当中，如果本身听牌就比较晚，这个时候牌风又很不顺，那么即使听了牌，我们往往也和不了。在某些特定的局里，放弃听牌可以把牌拖入荒庄，但是如果说点炮了，那么这把牌已经结束，这把牌对于我们而言就是负向收益。

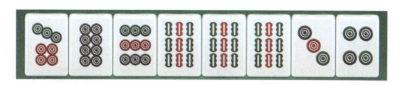

图 4.12.4 案例 3

打麻将一定要计算点炮的值与不值。比如，大家看这样一手牌，此时已经听牌，听的是二五筒，但是现在我们摸上来一张一筒，一筒河里面一张没出，明显是一个生张，打出去极有可能是点炮或点杠。那么在这种情况之下，建议直接选择打掉相对安全的四筒，把听二五筒改成卡二筒，虽然我们的竞争效率降低了一半，但是点炮率确实降低到了 0%。所以由打危险牌变成打安全牌的这种策略意识，大家一定要有。不是说只要自己听了牌，就埋头往前冲，即使听了牌，也要时刻观察场上的形势和牌局的变化。

图 4.12.5 案例 4

那么什么样的牌值得我们往前冲？比如说这样一手牌，此时听得不是很好，是四筒和七筒的一个对倒。在这种情况之下，如果此时摸上来一张八筒的话，即使四筒是有一定危险程度的，也应该果断地选择打掉四筒。因为打掉四筒之后，我们听的是三六九筒带八筒，进张从对倒变成四面听牌。因此，这种情况的牌值得往前冲。

小结

　　总结一下这节的重点，第一是听牌的叫口如何选，选别人不需要的和别人留不住的，这是在任何时候都管用的原则。第二是听牌之后，一定要考虑听牌的灵活性和后期的优化空间问题，因为这会决定我们后期手牌有没有大的发展空间，有没有听得更好的机会。第三是当听牌和点炮发生冲突的时候，如何抉择的问题。有些炮值得点，但是有些炮就不值得点，大家可以根据牌局来进行判断。把握这三个点，我们就打好了听牌方面的基本功。

4.13　科学选择卡张与对倒

　　在实战过程当中，如何正确地选择卡张和对倒？有的麻友说听卡张好，有的麻友说听对倒好，答案不是肯定的。麻将没有绝对的好和坏，一定要根据当时的情况、河里面的现张情况、牌局的阶段情况，以及我们自身的手牌情况来综合分析。

图 4.13.1　卡张与对倒

我们要了解一下卡张和对倒到底有什么区别。从进张效率来讲是一样的，比如手牌，不论你是听对倒还是卡张，它的进张效率都是一样的，从最大概率打法这个角度来讲是一样的。那么在这种情况之下，我们就来看牌型后期的优化空间。对比一下，打掉七筒，后期摸来一张四条，打掉五条，可以听三六条，这是一个优化。同理，摸来六条，打掉五条，可以听四七条，也是有优化空间的。筒子这边摸来四筒和六筒都可以产生优化，这里同样是进四门牌。如果选择的是听卡张，也是有优化空间的，假设摸来四筒打掉七筒，听的是三六筒；如果说摸来八筒打掉五筒，同样的听六九筒，所以同样有优化的空间。这样对比下来，选择卡张的话，它的优化空间是两门，也就是这里的四筒和八筒。如果是选择对倒的话，刚才分析过是四门，条子这里进四条六条可以优化，筒子这里进四筒进八筒可以优化，那么这里就多了两门。所以从优化空间上面来讲，对倒的优化空间要高于卡张，这是第一个认知。所以听对倒的时候，主要考虑的是后期牌型优化，它的牌型优化能力要高于卡张，这个认知很重要。在麻将实战过程当中，不仅是要考虑打掉哪一张能够使我们的进张效率更高，同时要考虑打的这一张牌是否安全。那么从这个角度上面来分析，我们选择去听卡张有一个好处。拆对子是一种高手思维，很多人喜欢留对子，但实际上，高手的打法是要去拆对子。我们手里面已经有一对，外面只有两张，这个时候选择打一张五筒出去，被别人碰的可能性就要小于打七筒的可能性，这主要从防守的角度上面来讲。那么我们把它放大一点来分析，就是实战过程当中，应该选择打出安全张，比如这里的七筒安全，打七筒或五筒都安全。之所以选择打五筒，是因为它们的进张效率差不多，虽然说牌型优化的能力不一样。这是舍牌时第二要考虑的因素。所以大原则是首先要考虑后期优化的问题，其次要考虑的是打出去这一张牌的安全性问题。

听的牌和出率有多少？这个非常重要。比如同样这手牌，如果可以判断五条或者五筒是比较好的，容易被打出来，那么对倒是一个比较好的选择。如果说我们听的是这样的中心张，不容易被打出，而六筒易被舍出，那么听卡六筒是比较好的选择。

小结

　　这节给大家讲了三个重要的知识点。第一，我们卡张和对倒从优化空间上面进行对比，对倒的优化空间要大于卡张。第二，从安全性角度来讲，你打哪一张安全不点炮，就选择打哪一张。第三，我们要考虑和出率的问题，不论是对倒还是卡张，都要考虑和出率。因此，希望大家从这三个角度综合分析和判断。

4.14　手牌的规划案例详解

　　这一节我们来讲解手牌优化的思维。首先，大家要有一个最基本的认知：想要成为麻将高手，你必须要考虑2~3步以后的牌局发展情况，你的心里面时刻要想着整手牌优化的方向和空间。接下来，我将通过一副牌来给大家做详细的分析和讲解，希望大家能够举一反三，将其应用到自己的实战过程当中。

图 4.14.1　案例 1

　　像这样一手牌，很明显已经来到一个六搭需要拆搭的阶段，这里不考虑河里面的现张情况，六七万和五七筒，还有这里的五七条，这三个搭子进行对比，肯定首先是六七万高于这两个卡张搭子，这是最基本的认知。那么五七筒和五七条对比一下，哪一个的价值更高呢？我们先不考虑河里面的情况，最基础的认知是拆掉五七条的价值要更高。因为拆掉七条之后，属于只丢半张的机会，但如果选择拆掉这张七筒或者拆掉这张五筒的话，丢的就是全张，该怎么理解呢？比如拆掉这张七条之后，后期摸上来这张六条依然是有用的，可以选择打掉一条，整手牌形成一个六七万和五七筒的四人抬轿牌型。但是如果选择拆掉五筒或者七筒，后期即使我们摸来一张六筒，整手牌依然还是一个六搭牌型。

　　接下来提升一个难度，在实战过程当中不能光看自己的手牌，我们还要更多地考虑牌局的阶段，从安全性角度出发进行考虑。在这里，如果说牌局已经来到中期或后期，形成这样一种牌局情况，我们就要去考虑打掉哪一张才是安全的，甚至这里五七条和五七筒都是比较危险的张。相反，六七万是安全的，那么我们也可以去选择拆掉六七万，以牺牲 50% 的竞争机会，来换取整手牌能够向前推进的一个机会。牌局来到中期，如果你自己没有听牌，就千万不能去点炮给别人，或者你打出去的这一张危险牌被别人吃、碰、杠之后，导致别人的手牌进张，那对别人而言是一个助攻的行为。

图4.14.2　案例2

再进行一个高度的提升，是不是五七筒的价值就完全低于五七条呢？也不一定。如果说这一手牌中我们保留下五七筒，后期摸来七筒，选择打掉这张五筒，那么这手牌看上去是不是就非常漂亮了？这个地方不论是摸来七筒还是摸来五筒，这手牌很明显形成一个两对半牌型，而且条子这边还有一个复合牌型三四五条的带动，依然可以给我们提供三六条的一个进张机会。因此，这手牌就会变得非常漂亮，可以进的牌就非常多。进五八万、三六条，碰一条碰五筒都可以实现听牌，这就是我讲的麻将三大牌型的两对半牌型。

小结

　　当牌局来到中期之后，考虑手牌的优化，不光要考虑手牌未来的一个发展，更要从安全性角度考虑。一旦打出去的牌点了炮，那么这一把就结束了，谈不上手牌的优化。所以我们从安全性角度进行分析之后，再来考虑哪一个的优化空间更大。这就是麻将实
战过程当中的手牌优化思维，希望大家能够认真地领悟。

第五章

打好麻将的战略基础

（战略篇）

5.1 控局思维

这节的内容是为大家讲解麻将的战略打法口诀。在麻将的战略打法当中，总的策略应该是控下家、盯对家、迎上家。在实战过程当中该如何实现控下家、盯对家和迎上家呢？想打好麻将，最关键的是要避免成为四家人当中最倒霉的那一家。那么如何实现避免成为第四家呢？这里面是有策略的。

◆第一个策略就是要很好地控制下家，因为我们是下家的上手，打出去的牌有可能被对家或上家吃、碰，并通过控制下家的进张效率来减少下家的摸牌。如果要实现控下家，那么我们就需要利用合理地取舍手里面的生张、熟张打出去的先后时机，来实现对下家的控制。比如我们打出去生张，被对家和上家吃、碰之后，本来是轮到下家摸牌的，通过这样的操作可以降低下家的摸牌效率，提高自身的进牌效率。通过这样一种方式，很容易把下家的心态给打崩溃，尤其是下家几轮没有进牌的情况下。

◆第二个策略是盯对家的战略。我们打的牌和对家打的牌要尽可能地在一条线上，我之前分享过经线牌理论，一四七、二五八、三六九大家应该也非常熟悉，简单来讲，就是对家打什么，我们就打什么，或者是没有的情况，我们就尽可能跟他打一条线上的牌。这里有一个口诀叫"要想赢、盯对门"。这就是盯对家的重要性。

◆最后一个策略是迎上家，就是尽可能舍出去的牌，是上家需要的牌，这就是我们打出去的牌。如果能够很好地被上家吃、碰，那么就增加了我们自身进牌的节奏，也提高了我们竞牌的效率。相对来讲，我们摸的牌要比下家多。还有一点就是上家打出来的牌，尽可能不要去吃、碰它，除非是一些比较关键的牌。因此，有一个口诀叫"牌从门前过，不如摸一个"。大家一定要记住麻将的战略，战略比战术更加重要。

上一章主讲麻将战术，比如最大概率打法，拆搭技巧等都是战术性的。但我认为打好麻将最重要的是战略。麻将是四个人之间的博弈，犹如战场，战略远远高于战术。只要大家能够把我讲的这种战略打法运用到实战过程当中去，就可以很好地避免自己成为输得最多的那一家。

5.2 腾挪打法战略

这一节，我们来讲解一个麻将当中的高级技巧和思维，叫腾挪打法，也叫迂回战术。首先，腾挪打法是什么意思？简单来理解，就是腾挪闪转的意思，它主要是在实战的过程当中，在防守端发挥作用。

图 5.2.1 腾挪打法

下面以这样一副牌例来做讲解，大家看完之后举一反三地应用就可以了。像这样一手牌，此时是两对半牌型，手牌已经到一进听牌。此时，如果说牌局来到中局，我们摸上来一张三条，当你摸上来三条之后，你就有一个感觉：这三条很危险，容易点炮，或者已经明显判断别人听的就是三条，三条很危险，我们又没有听牌，怎么办？这个时候就要采用腾挪打法。很多新手会贸然地把三条打出去，要么是他没猜到别人需要这张三条，要么就是他已经猜到想去赌一把。这种就是大家常见的一种新手思维。所以腾挪打法的意思就是保护危险牌。如何保护？既然摸上来三条感觉危险，就不要打这张三条。如果这手牌的七八条是安全牌，这种情况既可以去拆七条，也可以去拆八条。我们去拆七条，可以碰五筒和碰八条以实现停牌。如果去拆八条的话，可以进六九条和边三筒以实现听牌，手牌依然维持在一进听，只是损失了两对半牌型而已。这样虽然最大概率没有了，但是保全了三条危险牌点炮。所以，为保证丢张较少，建议大家打掉这张八条也是可以的。当下一巡牌能摸上来二四条时，我们就面临一个直接去拆搭二筒的情况。当然在实战过程当中，肯定不像理论上这么顺利进张，下一循环你摸上来一张三万也是有可能的，就算摸上来三万也没有关系，这个时候如果你感觉三万还是危险，还是不敢打，那么用同样的腾挪打法拆掉熟张一筒也可以。像三条、三万这种尖张，我们必然会摸上它的靠张牌，然后拆掉这张二筒。

在麻将牌局中，假设你老是摸到危险牌，比如连续摸上来一张牌、一张危险牌，手里三张都是炮牌，这种可能性在实战过程当中还是非常小的。如果出现此种情况，可以采取放弃策略，不能再打进攻。这个时候直接拆安全张打出，就不要想着去听牌和牌这回事了。大家知道一个概念，打麻将不光自己的手牌要向前进，同时还要堤防别人的手牌向前进。假设你勇敢冲锋，把三条打出去点炮了，自己还没有听牌别人就和牌了，这一把就结束了，那么到最后就是你一个人赔钱，这是绝对不划算的。当然，如果到后面听牌之后打出去点炮，说明是我们的运气不够好。甚至有时候听牌后要去打某一张铁定放炮的牌，那我们宁可不听牌，而是同样地采用腾挪打法。

通过这一副排列，我想给大家传递的一种思维方式就是腾挪打法，即迂回战术思维。当拿到危险牌之后，为了保护危险牌，我们甚至可以把手牌往后倒退一步，把一进听牌打成二进听牌都是可以的，这就叫迂回战术。在实战过程当中，最怕的就是自己没听牌还点了别人的炮，这个就是技术有问题，而不是运气问题。

腾挪打法的核心是一种思维方式，一种迂回战术的体现，是一种防守的思想体现。所以腾挪打法主要是在防守端发挥作用，大家在实战过程当中要有意识地培养这样的思维方式，这是麻将当中的一个高级打法技巧，希望大家反复琢磨。

5.3 十二圈打法战略

这节，我们来分享一个全新的概念，讲一个赢在头四圈打法战略以及它的重要性。相信大家在之前听过麻将的十二圈打法战略，但是很多课程并没有把这个概念给大家讲清楚，所以有必要再单独把这个知识点拿出来，给大家做一个详细的讲解。这样对于整体把握牌局思路是比较清晰的。什么叫作麻将的赢在头四圈打法战略？包括我们的十二圈打法战略在内，其实强调的核心就是我们要理解对手牌的发展以及对牌局时间的规划。打麻将时，很少有玩家注意自己的牌局时间。但如果说你想要成为一个真正合格的麻将高手，就必须注重时间，注重对每一场牌局的时间控制。

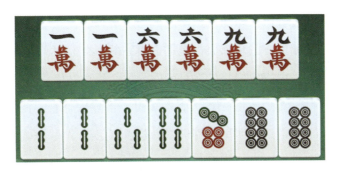

图5.2.2　十二圈打法（一）

什么叫作赢在头四圈？分两个层面来说明，一指整场牌局的时间规划，二指一把牌的发展时间进度。怎么理解？按照时间来划分就可以了。比如你今天打六个小时，那么前面的两个小时就成为头四圈，中间两个小时成为中四圈，后面两个小时称为尾四圈，合起来是十二圈，所以叫作十二圈打法战略。这是第一个层面理解。比如像这样一手牌，是我们起手开局或摸两三巡牌之后形成的一个牌面。这个时候，我们就要区分现在是处在牌局的哪一个阶段，是头四圈还是中四圈，还是尾四圈。这是第二层面对于单牌局的规划。在麻将战略中，在时间控制观念中，最为关键的是头四圈。上升到战略层面，头四圈的基调类似战术中的起手定攻防，前四圈的战况基本奠定了整场麻局的基础。

图5.2.3　十二圈打法（二）

　　那么刚才我所讲的赢在前四圈的概念，手牌假设是在头四圈出现这样的牌面，我相信有的玩家会去考虑三摸一的一个七对。但我要强调一下，如果说这一手牌我们是处在头四圈，那么这个时候一定要抢快，一定要去抢和牌，千万不要去贪大，贪大可能会导致你在头四圈的失利。这个时候如果说别人在河里面打出来一张六万，建议大家碰掉。碰掉六万之后，其实我们选择打掉二条也是一进听牌。碰八筒也可以进六九筒听牌，这个时候我们一定要抢快。头四圈的打法战略主要是抢快，所以千万不要去贪大或者做大牌。如果说你在这个时候老是想着要去做大牌，一旦没有做成，对士气是非常有杀伤力的。所以大家记住，头四圈的打法战略，其核心要领就是在头四圈千万不要去贪，一定要想着怎么去快速听牌和和牌，此时还没有到贪大的时候。

　　接下来，我会讲中四圈和尾四圈怎么去打。在牌局的头四圈，核心要领是抢快。如果是在头四圈，获得一定的胜利，奠定了一定的基础，就有赢一把赔三把的资本。头四圈赢了之后，你的心态和自信心都会不一样。如果你在头四圈失利之后，到了中局才发现这个问题，再去追赶，那么这个时候就会非常困难，就像逆水行舟，你的精神状态、心理状态都会发生动摇。因此，一定要把握赢在头四圈的概念。

　　如果说在头四圈我们取得一定的成绩，那么在这种时候碰到同样的这一手牌，这个时候你会发现自己的牌风还是比较旺的，进张比较顺利，你就可以果断地选择去贪，直接选择三摸一做七对。因为你通过前四圈奠定一定基础，可以尝试做大牌。所以大牌和小牌之间的取舍是要根据牌局的阶段，根据圈数的概念来定的，而不是盲目地去做或盲目地不去做。如果说来到尾四圈之后，同样的尾四圈，我们就要恢复保守型打法。尤其是在上半场，牌局时间已经去掉2/3的情况之下，就要保住自己的胜利果实，千方百计地不去贪牌。在碰到自己手牌烂的时候，不要去进攻，而是想着该怎么去防守，通过防守打法来放慢别人听牌和牌的脚步。

在麻将战略里面，还有一个非常重要的知识点，就是在尾四圈取得一点成绩之后，此时一定要打得保守一点，遵循慢速的原则。有的玩家是越到后面打得越快，越到后面打得越是莽撞，这样就有可能导致上半场的胜利到了后面尾四圈之后全部吐出去。采用保守打法和慢速打法之后，在尾四圈保住胜利的果实，即使牌风下滑，你也不会负得很惨，甚至有小赢。这样长期下来，就是一个正向收益的战略。

很多玩家之所以出现上半场胜、下半场负的状况，就是因为不了解赢在头四圈的打法战略，以及赢在头四圈打法战略的重要性。对于麻将牌局，一定要做分段，按照十二圈的打法战略，特别重要的是头四圈。头四圈是非常关键的，是打牢基础的阶段。只有基础牢固后，你在整个战局中才能够更加游刃有余。

5.4 牌感训练与提升

麻将到底应该怎么打才能赢？很多麻友一直不明白，我经常和大家说的"有局求大，无局求快"是什么意思。今天就来具体地讲讲，"有局求大"这个是大家都期待的，比如我们起手有五对，就想着做七对；我们起手有八九张同花色的牌，就想着做清一色。类似这样的牌型可以和高番数的，就算有局。在求大局中，还需要考虑做大牌的番数和时间，可做大牌的牌型属于机遇。在大部分规则下，往往一场麻将下来，能够决定胜负的不是那些小胡，而是这种机遇牌。如果能够把握好这种机遇牌，什么逆风翻盘都是屡见不鲜的。所以求大归求大，还需要考虑的就是大牌的番数和时间。我们先来说说番数，也就是说需要考虑投资回报率。很简单的道理，小和肯定是比大和要好做的，贪大是需要承担风险的，那么这个时候就需要去计算。冒了这个险，和换回来的回报值与不值？这里给大家一个标准，也就是当遇到这些机遇牌的时候，只要它是平和的四倍以上，我们就可以坚定地往这条道上去靠。为什么？因为在这种假设下，哪怕你十把牌里面有七把都失败了，但只要有三把能够成功，你就可以把前面失败所造成的那些损失都赚回来。

所以高手不光要学会打牌，还需要学会算账，这个特别考验心态。也就是说，你前面一直失败，还能不能在场上继续保持轻松愉快的状态？我们再来说说时间。这里的时间指的不是每一局牌中的序盘、中盘和尾盘，而是圈数。比如今天我们打了四个小时，总共打了六圈，那么六圈下来就是二十四局。那么在十二局以前你就不要过分去贪大，顺着牌风走，不管大牌、小牌，反正能和就和。这样的话，你就能够在气势上面打击别人。很简单的道理，如果说三圈下来，你的对手一把还没有胡，而你连胡了六七把，那么对对手的打击是很大的，而且你此时的心态是非常愉悦的。牌到十三局以后，你再遇到这个机遇牌的时候，就可以去贪大了。你能贪成一把，就是你赚了；就算都失败了，对你的影响也不是很大的。

其实每一场麻将和做生意是一样的，当没有本钱的时候，你就不要做冒险的投资；等赚够了投资的本钱，你再去冒险，成功的概率就要高很多。所以那些说什么"千刀万剐不和头把"的都是无稽之谈。你第一把就和了，说明你的牌风今天很好，而且你还有多输三把的机会，麻将是越胡越旺。反之，如果手牌没有具备做大牌的条件，也就是说牌面五举，那么这个时候就不能硬做大牌。这种不识时务的做大牌方法绝大多数是失败的，因为牌是不等人，还没有等你做成，对手已经和牌了。所以无局时只求快，只求能有一个平和就可以了，甚至不和牌能有一个杠，甚至能拖到荒牌，让自己少输就可以了。

如果说手牌并非有局也非无局，似有似无的时候应该怎么办？这个时候就要看接下来的一个上牌情况，包括摸牌、碰牌，或者吃牌，凡是处在可有可无局的情况下，真的需要随机应变。因此，在实战当中，除了求大和求快外，还要打得通透、打得灵活。总之，麻将开局就三个字：大、快、通。有局即求大，无局即求快。似有似无局就要求通。在这三个字当中，以"通"字最难办到，为什么？因为有局的牌容易处理，无局的牌也容易处理，反而这种走中间路线的牌型，很多人都是难以找到固定的支点，因此会让人一直在犹豫徘徊。

这里给大家一个建议，如果说你今天打到中场，而你的牌型一直都是这种似有似无的牌型，那么可以找个借口早点离场，因为"牌要玩你"。什么是似有似无的牌型？就是你的牌一直在引诱你去做大牌，你往大牌上面做了之后，后面又不进张。比如你起手就有五对三摸一七对，别人打出你不碰，然后你留下的这个单张，别人一直把你留的单张打完为止；再或者你起手就有八九张同花色的牌型，打到中盘了，然而你再也没有摸进一张同花色的牌型。也就是说，你的手牌一直在折磨你，遇到这种牌局，你就要早点离场。

5.5 养成良好心态，轻松掌控牌局

在之前的章节给大家讲过，心态在麻将影响因素当中的占比超过30%，那么怎么样才能养成好的心态？首先，要搞清楚第一个事情，养成好心态的前提和基础到底是什么？很多麻友都知道，心态很重要，但始终不能够理解怎样保持好的心态，这是因为前提和基础都没有搞清楚。这个前提和基础就是要正确地认识麻将，树立健康的娱乐观念。想要做到好心态，如果你把麻将胜负的结果看得十分重要，那么我跟你讲再多，你都没办法保持一颗平常心。首先，我们不要把胜负结果看得很重要，不把结果看得很重要的前提是我们把麻将当成娱乐，当成社交的工具。这是我一直倡导的，就是不要去成为一个赌徒。所以我们娱乐的观念要正确，否则其他一切都是空谈。在这里，我给大家的建议，一是不要超过自己的承受范围去玩，永远保持在自己的承受范围之内，这样你才有可能不把结果看得过分重要。所以健康的娱乐观念是我们保持好心态的一个前提，你技术再好，只要超过自己的承受范围了，你的心态也容易波动。这是我们第一个必须要把握的点。

我们在麻将战场上，无非就是两个情况。第一是我们获胜的也就是顺境的情况，还有一个就是战败的逆境情况。在这两种情况下，该怎么样去保持好心态？首先，在顺境的情况下保持胜不骄、败不馁。在顺境的情况下，你获得一点胜利之后千万不要骄傲，很多麻友在上半场获得一点胜利之后，整个人就开始飘了，觉得今天这一场牌局吃定了，没想到下半场牌风急转直下。因此，在获胜的情况下，你要具有危机意识，只要还在场上，你获得的胜利都只是一个数字而已，那并不属于你，也

没有揣到你的兜里面。麻将实战跟打仗是一个道理的，骄兵必败。如果说你在场上是一种骄傲自负的心态，那么最终结果一定是失败。所以在顺境当中一定要不断地在内心提示自己，千万不能骄傲，一定要保持低调和理性，一定要正确地处理自己的手牌，不要打错牌，更不要盲目地去贪大。有的麻友一旦获得一点胜利，就总觉得今天这场牌要什么来什么，不该贪也盲目地去贪，结果没贪成，还导致自己的牌风急转直下。因此，顺境下更应该要保持理性和冷静。

下面讲一下在逆境当中，也就是在失败的情况下，该怎么去保持好的心态。首先，我们要深刻地理解麻将是概率论，你这一场牌有可能上半场顺、下半场逆，上半场逆、下半场顺，都是正常的情况。又或者最近一段时间的牌风比较差，或者这一段时间的牌风比较顺，这都是正常的。因为麻将是一个概率论，所以你要时刻提醒自己：我的牌不会一直差，我只需要等待机会。只要合理利用逆风局的打法技巧，我相信在大部分情况之下，你都不会败得很惨。只要在逆境当中败得不是很惨，没有伤到我们的元气，那么当我们牌风顺的时候，一定是有正向收益的，所以这一点大家不用去担心，不要一碰到逆风局就觉得完了，有的人甚至开始放弃，自乱阵脚，开始胡乱打，这样肯定是不行的。

所以一个好的心态很重要，尤其在逆境当中，我们更应该保持冷静。总结下来，好的心态就是三个字——平常心。那么三个字的核心解读是什么？是自信而不自负，轻松而不放松。我们要有信心，不要惧怕自己的对手，对自己的技术一定要有信心，但是也不能够轻敌，一旦轻敌，必然失败。轻松而不放松是什么意思？是在场上要有一个轻松的状态，轻装上阵，不要有过多压力。也就是我反复讲的，不要把胜负的结果看得很重要，很多时候，我们越是在乎一件事情的结果，往往会事与愿违，所以要保持一个轻松的心态。但也不要过度地放松，否则会导致你的注意力不集中，注意力不集中就容易打错牌。

所以"自信而不自负，轻松而不放松"，这一句话是对我们"平常心"三个字的核心解读，希望大家时刻把这句话装在自己的脑海里面，并不断地在实战的过程当中践行它。久而久之，你就会养成一个非常稳定而强大的心态，不论遇到顺境还是逆境，都能够轻松自如地对待。

5.6　提升专注度，保持高胜率

如何提升专注度、保持高胜率，是大家所关心的问题。专注度在麻将实战过程当中，对战局的影响是非常大的，这一点大家应该都有共同的认识。有的玩家在实战过程当中老是出现打着就打着注意力不集中的情况，原因很多，这节重点来分析，帮助大家在实战过程当中提升自己的专注度。提升专注度有很多好处，第一是能够让你高效地打牌，不打错牌、不犯低级错误。一旦打错牌，对整个牌风的影响是很大的。

专注度主要包含以下两个方面。首先是内因方面；其次是排局时间方面。有的玩家在实战的过程当中，总是出现上半场胜、下半场负的情况，主要原因是打的时间过久。打麻将其实对体力和脑力都是一个非常大的消耗。有的玩家会讲：老师，我打麻将没有什么消耗。那么什么样的人打麻将没有消耗？一是不动脑筋打麻将的人或者是完全的新手没有消耗；二是成为真正的麻将高手后，也没有什么消耗。因为真正的高手已经懂得注意力分配的原则，只需要20%看自己的走牌，瞟两眼就知道怎么打，剩下时间他都去关注河里面和另外三家的情况，所以打起牌来比较轻松，对自己的精力消耗并不是很大。所以第一点给大家的建议是排局的时间不要过久，我一般建议大家每次打五六个小时就可以了。对于一般人来讲，能够连续五六个小时保持高的注意力都是非常困难的，所以不要超过这个时间段去打，因为时间一旦超过，你的体力和脑力都容易跟不上，导致专注度下降。二是不要通宵达旦地打麻将，通宵本身对身体的伤害就很大，到后面拼的已经不是脑力，而是体力。你的眼睛都已经睁不开，你还想怎么去计算你的牌？那就不太现实。所以，第一点很重要，一定要合理地控制这个牌局的时间，让自己的精力在一个可承受的范围之内。接下来讲内因的第二点，就是同情心方面，很多人打麻将，尤其几个好朋友在一起玩，有的人同情心就会泛滥，在自己赢的情况之下，看到自己的好朋友输得比较多，这个时候就不忍心去和他的牌，但是往往你不和他那一把牌之后产生的后果就是，那一把牌你有可能点了别人的炮，或者本来不该赢的人赢了。那么这样一来，场上的一个形势就会发生变化，场上的规律性和平衡性被打破了，代价极有可能就是让你自己由胜转败。针对这一点，我也给大家一个建议：我们一定要时刻牢记麻将就是麻将，麻将场上无父子，亲兄弟也要明算账。我的做法一般是什么呢？该和的牌一定要果断地和掉，和掉之后牌局结束，你可以用其他方式去补偿输掉的好朋友。

接下来我们来谈外因的第一个点：言语攻击和动作干扰。是什么意思？其实很好理解。我们在麻将实战的过程当中，很多麻友都有这样的经历，如果我们占一点上风，那么场上有人可能会用言语动作来对你形成干扰。比如开始摔牌，开始抱怨，开始催促你打快一点，开始对你指指点点，其目的就是通过这种手段来影响你的专注度，从而影响你的心情，让你不能够正常地发挥，也跟着生气、跟着抱怨。一旦你受到这样的干扰，陷入他的圈套，就会发现自己的牌风急转直下，形成一个超级拐点。所以这个时候一定要知道客观、理性、冷静地分析这个事情。如果说是他的性格使然，就是每一次他输了，他都是这样一个动作，那么这种情况我建议大家要理解和包容，因为他本身就是这样，并不是针对你，只是在抱怨自己，并不是故意想要干扰你。对于这种情况我们要多加理解，不用生气。第二种情况他是故意的，他平时不这样或者他对其他人不这样，他是在你赢的情况下，有意识地采用这种小动作来对你进行人身攻击和干扰，那么对于这种情况，就要果断地予以回击。因为这个时候已经体现牌品的问题，我们可以果断地予以回击。从大概率来讲，他看到你有这样的反应，有这样的攻击性言语之后回怼他，是因为他自己理亏，他肯定就不再继续挑事，因为他自己是站不住脚的。

这个时候最担心的就是有些麻友拉不下脸，不去反击，其实这是不对的，你不敢反击的话，那么其实你的内心当中已经产生波澜，在生闷气。一旦生闷气，就会对你的牌风造成影响。所以这个时候，我们何不果断地出击，把这个事情挑开来说？这样你的内心会舒畅一点。

在麻将场上要想保持专注度，就要有一点脾气，不能够被自己的牌友指着鼻子。或者你知道他故意在影响你还忍气吞声，这样是不行的，这是外因的第一点。接着来讲外因的第二层次。第一个层次，我们可以把它概括为人为因素，也就是人对你造成的干扰，导致你的专注度下降。第二个层次，就是环境因素。环境因素大概包括环境的嘈杂度、光线的明暗度、物品的摆放、房间物品的摆放，也就是装修风格等。这些因素是客观存的，应该怎么去解决？这就需要你一开始就要对环境有一个预判，我们要在自己喜欢的一个环境当中玩，不要违背初衷。因为有的人在非常嘈杂的情况下也可以保持高专注度，但是如果你不行的话就要避免在那种情况下打。总之把握一条原则就可以：环境让你感觉到舒服你就玩，环境让你感觉不舒服你就不要玩，因为它会影响你的专注度。

小结

专注度的影响主要分为内因和外因，每一个方面我们都要注意把控。希望大家能够在实战过程当中加以善用，去不断地总结，从而让自己保持高的专注度，保持高的实战胜率。

5.7 练就强大气场，让对手胆寒

这节我们来"讲麻将气"场这个概念，练就强大的气场，让对手胆寒。在实战的过程当中，大家应该都有这样的经历，某一个高手跟你同一桌的时候，你就能够感觉到他对你的一种压迫感，或者说是一种震慑力，让你觉得有点害怕。我相信是一定有的，真正的高手一定是自带气场的。那么什么叫作气场？首先我们要搞清楚这个概念，气场是指一个人的气质对周围人产生的影响。而且气场在我们的生活当中，在每一个人的身上都是有所体现的，气场可以理解为一种能量，就是一个人坐到你的对面，不用说话，你就能够感觉得到对方身上所自带的那种气质。有的人气场强大，有的人气场比较弱小，但是不论强弱，气场一定是真实存在的。所以作为一个真正的麻将高手，带有强大的气场，就等于带着强大的杀气，带着强大的威慑力，可以让你的对手不寒而栗。

我们在麻将场上的气场从何而来？主要体现在这些方面。一是技术基本功，如果你的基本功是比较弱的，那么你不可能带有强大的气场。我们对自己的技术一定要有十足的把握，要有十分的信心，这些源于实战经验的总结。你的经验越是丰富，你的气场就越强大。我经常讲一个概念叫作"认知"。对于麻将的认知，你的层次越高，你的气场就越是强大。当你达到高水平的认知层面之后，气场自然会跟着上来，从而在场上给对手降维打击。当然，气场也和我们的人生阅历有关，它是一个综合性的影响因素。想要去提升自己的气场，一定要从多维度进行提升。气场不是一天两天就能练就的。当然，最基础的还是要提升自己的技术基本功，当你对自己的技术有了信心之后，气场自然就能够跟上，尤其是在你获得一个比较高的胜率之后，比如你的胜率能达到70%~90%之后，就会发现自己是带有气场的。

　　我们该如何练就强大的气场？下面给大家三点建议。首先，苦练麻将基本功，也就是我之前给大家讲到的这些内容，所有内容你都能够做到熟练地掌握，那么你的基本功就能快速提升。这个一定是要假以时日去进行练习，才有可能去提升的。其次，在实战场上有一些小动作，也能够帮助我们去提升自己的气场。比如我们和到一把比较大的牌，这个时候就可以把牌和的这一张牌稍微用力地敲在桌面上，稍微用力——当然不是故意去砸。通过这种小动作，可以对对手产生稍作震慑的作用，也就有助于提升我们自身的士气。最后，在场上或生活当中说话不急不躁。在场上最忌讳的是什么？就是喜怒形于色的情况，都不利于我们培养强大的气场。在实战的过程当中，大家一定要养成一个习惯，就是喜怒不形于色，不要让你的牌友轻易地察觉你的心态，猜到你手上拿的到底是好牌还是烂牌。有的麻友拿到好牌，就看起来很高兴，拿到烂牌则一副愁眉苦脸的，让别人一看就知道，那么这样还能有多大的气场？综合以上三点进行训练，相信在不久的将来，你的气场也能够得到不断提升。

5.8　成为高手的五个好习惯

要想成为麻将高手，养成良好的习惯非常重要。作为新手，如果你正在通过学习提升麻将技术，那么请一定坚持，你迟早会成为高手。如果你已经打麻将有一段时间，养成一些打牌的习惯，那么在这个过程当中，也要慢慢地沿着接下来所讲的这些点进行改变。习惯决定性格，性格决定命运。在麻将的实战过程当中也是一样，一个好的习惯可能会给你带来一个好的结果。

◆第一，坚持记账。为什么记账很重要？因为只有我们坚持记账之后，对自己的胜负结果才能做到心中有数，做到情况明确，便于分析和研判。这一点是我们好习惯当中的第一个，也是很多麻友都不注重的。很多玩家都没有记账的习惯，麻将只能作为娱乐，并不支持大家把它作为自己生活的主业。麻将作为娱乐社交的手段，大家千万不要沾染赌博。我们要记哪些关键点？每一场次我们胜负的金额要记清楚；要记玩的时间、地点和牌友，这样才能总结一些规律。记账还有一个好处，就是在我们超过自己的承受范围的时候，心里面是清楚的。我们今年负了多少，或者胜了多少，心里要足够清楚。我给大家一个好建议，就是每一个周期，你打算拿多少金额出来玩，超过这个金额就不要再去玩了。这就是我讲的不要超过自己承受范围去玩。因此，记账也有利于你对自己的家底做出一个盘点和计划。

◆第二，一定要培养自己良好的自控力。在第二章基础理论部分，我讲了"四三二一定律"，自律里面就包含自控力，自控力也是很多玩家都做不好的地方。比如经常讲的心中有事的时候莫打牌，当一个人心里面有事情干扰的时候，你是没有办法把精力集中到牌局上面的。因为打麻将是一个非常消耗脑力的过程，我们手在摸牌，大脑在运转，在计算手牌应该如何发展、如何去打。那么如果你心里面有事情的时候，必然会造成影响。又比如预感不好的时候不要打牌。什么叫作预感不好？这个点有很多，比如说朋友约你的时候，但是你今天感觉不想打，或者就是感觉某一个地方不太对劲，那么结果也是可想而知的。另外，如果有让你感觉到不舒服的人，也不要去打。如果其中某一个牌友你很不喜欢，而且只要他，你去了都是输的，那么打一次或两次便可，下一次就再也不要去了。所以这个自控力体现在方方面面。又比如我们在打麻将的实战过程当中，想要去贪，但往往又没贪到，我们就要去和小和。我讲过很多次，麻将是以小和为主的，大牌只能顺势而为，不能逆势而上，所以这些都需要我们发挥自控力的作用，而自控力也是需要慢慢修炼的。有了这样的意识以后，你就会发现自己能做到。这个就是习惯的力量。

◆第三，要时刻提高防范意识。其实我把它拿到习惯这个地方来讲？它其实既是一种潜意识，也是一种习惯。很多玩家虽然知道场上会有人作弊，会有这样或那样的问题，但是每次上桌的时候都缺乏一种防范意识。对于特别陌生人在场的情况，大家一定要多加小心。

◆第四，牌品即人品，和气生财。所以在麻将场上不要和别人发生争执，要保持一颗平常心，也就是说，不要把麻将胜负的结果看得非常重要，有些时候忍一时风平浪静，退一步海阔天空。所以麻将牌局就是人生，在麻将场上，你能够看透人性。牌品差的人，你会发现他的人品也是有问题的；牌品好的人，你会发现他的人品也是不差的。一个人的格局在麻将场上，会暴露无遗。所以我们在麻将场上一定要善于观察对手：他是什么样的人，他的人品是怎么样的。永远只跟人品好的人玩，跟牌品好的人玩。牌品差的人只会影响你的状态、影响你的心情。我觉得是完全不值得。同时，我们在麻将的博弈过程当中，也要给别人留下好的印象，你要知道你的胜负跟你的牌品其实是有一定关联的。可能短时期内你看不出来，但是长期来看，一个牌品好的人，他的运气也不会很差。

◆第五，坚持学习。"学习"这个概念我反复讲过很多次，有些东西如果你不系统地学习，就只能靠自己摸索。可能你打十几年甚至打一辈子的麻将，有些道理依然不明白。所以在这里，我建议大家一定要坚持反思和总结，多向你那些身边的高手请教。你的身边一定有那种胜多负少的人，问问他们是怎么做到的，平时要多观察他们打牌，同时可以私底请教。我们坚持学习的一个前提，就是不要把失败的原因全都归于运气不好，运气的影响从长期来看并不是很大。麻将是一个学无止境的过程，当你坚持学习，到达一定层次之后，就会产生效果。我相信讲到这里，很多玩家都不认同麻将不是靠运气的这个问题。但我想讲的是，一个真正的麻将高手，他如果告诉你麻将靠运气，那他一定是在骗你，因为他也想让你陷入一种错误的认知当中，那就是不学习，其实他私底下也在悄悄地学习。当你不学习，而他在学习，他就永远走在你的前面。然后每次你失败了，他都会告诉你，其实是因为你今天的运气不好而已。

以上给大家分享的这五个好习惯，全部源于对实战经验总结，而且这么多年，我也是这么坚持的，希望大家看完课程，也能够发自内心地去认同、去坚持。当你坚持做了，就能够收到成效。学习的效果不是立竿见影的，但是从长期来看，它一定会是一个正向的提高，哪怕每天只是进步一点点，长期下来，就能和别人拉开一个很大的差距。如果没有学习，可能你打得越久，失败的概率就会越高。所以希望大家都能培养以上所讲的五个好习惯，帮助自己提升实战的胜率。

5.9　位置与牌流战略

这节我们来讲解麻将当中的位置与牌流战略。在麻将的实战过程当中，经常会有这样的感觉，就是我们坐到某一个比较旺的位置时，手气挡都挡不住；但是如果坐到某一个霉位，那天的牌总是不顺，怎么打都是点炮，怎么打都是输。

相信经常爱打麻将的玩家都会有这样的感受，但位置真的有那么重要吗？位置是不是真的很重要，是不是真的能够决定麻将的一个结果？在麻将的实战过程当中，位置首先分第一种地理位置，也就是我们在牌桌上面，东、南、西、北方四个位置。经常打麻将的玩家都知道，有的善于坐在东方位，有的善于坐在西方位。但这种经验并不是每时每刻都是有作用的，所以我认为大家首先不要在心理上有障碍，认为我一定要坐在某一个位置，或者认为我当前所坐的位置不是一个好的位置。心里面先不要设限，先不要有这样的一种心理暗示。一旦有了这样的心理暗示，那么牌局就会往你的心理暗示方向去发展。我认为真正的高手，首先要抛开地理位置，真正的高手对自己的牌技要有信心。前面讲过，打麻将最好的心态是要自信而不自负，轻松而不放松。所以我们首先要排除位置对我们的干扰，至少是心理上面的一种干扰，也就是说我们要对自己有信心，不论坐到哪一个位置，即使是在别人看起来很差的位置，都无须担心。我们既然想成为真正的高手，就要弱化所有客观因素的影响，比如位置、运气。再比如说牌友在牌桌上面对你进行言语攻击等一系列客观因素，都要学会去抛开。真正的高手就是要坐到一个非常霉的位置，也能把整场的手牌处理得很好，让损失减小到最低。所以我认为位置并没有那么重要。但在场上，位置是有强弱之分的，所谓位置的强弱就是坐上桌子的四家人，不论我们现在处在第几名，一定要清楚地知道另外三家所处的位置，这个就是旺、弱的位置。假设我们目前坐在南方是第四名，那么你就要知道哪一个位置是最旺的，以及第二名和第三名的情况，就是强弱的相对位置。对于之前给大家讲的，我们坐在旺家的对面位置以及旺家的上手和下手位置，可以采取不同策略去影响最旺的那家。

所有的麻将书籍以及实战的技巧里面都会给大家讲，麻将的真正技巧其实是"扬黑抑红"。所以要有效地去限制最旺的那家。当我们把最旺的那家打下来之后，才有可能逆势而上。这个知识点就非常考验大家的全局意识，不论我们在场上是第几名，都一定要清楚所处的位置，以及另外三家的情况，要做到心中有数。比如处在最弱的一家，那么此时这个位置的特点就是非常容易杠上炮，而且我们很容易摸到杠，经常一杠就是杠上炮，杠了多次都是这种情况。对此，当天这个位置你就坚决不能再杠了，因为此时你坐在一个容易杠上放炮的位置。在这种情况下，我们就不能跟着牌流对着干，这个位置的特点就是容易杠上炮，所以当拿到杠的时候，我们宁可不杠，别人打出来我们也不要去杠。又比如我们今天坐的位置，两面听的牌往往和不了，但自摸的几次都是对倒或单吊。所以在这种情况下，如果是听牌能够选择的情况，就直接选择对倒或单吊，这就是根据位置的属性和特征来选择相应的策略。如果说位置对我们的最终结果有影响，那么你坐在不同的位置上，那个位置就会产生相应的属性和特征。这就需要我们总结那个位置的属性和特征，并根据这个属性和特征制定不同的策略。至于第一个地理位置，我的建议是大家抛开位置，不要去在意它。你越是在意它，就越会受它影响。

牌流战略是摸调顺序的延伸，在麻将的实战过程当中，牌流只有顺和不顺两种概念。根据情况不同，我们就要选择不同的打法策略。

图5.9.1　案例1

下面给大家看两个例子，所谓的"牌流顺"，就是我们的进张非常顺利，摸来的牌都是我们所需要的。比如手里面有两个搭子，而且这两个搭子都是不太好摸的，是边坎搭和卡张搭子，如果这一巡就摸上来一张三万，接着下一巡又摸上来一张八条；那么在这种情况下，证明我们的摸牌顺序，即牌流是对我们有利的。在牌流顺的情况下，我们就不要去改变摸牌的顺序，不要主动地改变牌流，也就是不要通过吃、碰去改变摸牌的顺序。最常见的一种情况就是我们在牌流顺的情况下。如果我们选择碰掉对手打出来的牌，那么之后，牌流就发生了改变。你本来很容易进张的牌，结果都没有进。比如上家打出来的一张牌，此时我们碰掉之后，下家就摸到我们这一张牌，然后下家摸。打出来之后我们才发现，那张牌其实摸上来之后就可以听牌，但是碰了之后反而没有听牌。这个时候，我们就会觉得非常后悔。这就是牌流的重要性。如果牌流顺，我们就要跟着牌流走，因为牌流是对我们有利的，是适合我们手牌的发展的。

图5.9.2　案例2

　　我们来看一下牌流不顺是什么样的情况，是什么样的信号。比如，我们选择拆搭的时候，这一巡选择拆掉一张一万，结果下一巡马上就能把这张牌摸回来。这种属于典型的牌流不顺。那么在牌流不顺的情况下，就应该反其道而行之。本来是要拆一二万的边张搭，这个时候我们可以拆掉手里面其他的两面搭，甚至拆掉对子都是可以的，这样就能有效地改变和抑制牌流对我们所产生的不利影响。

　　讲到这里给大家总结一下，如果我们当下的牌局是顺的，那么只需要按照最大概率打法、按照速战兵法的知识点进行操作。如果我们牌流不顺的话，就要按照逆风局的打法技巧来进行操作，这是位置和牌流在场上所产生的一些效应。判断位置强弱牌流的顺与不顺，是本节大家所需要了解的知识点。学习完本节，大家一定要做到，不能在错误的位置上采取激进打法，也不能在逆流当中采取进攻型打法。希望大家能够在实战中合理利用。

5.10　防作弊战略

　　防作弊其实是麻将博弈中一个老生常谈的话题，这节我们来学习麻将的防作弊技巧。我会重点给大家揭秘几种常见的作弊方式和手段。

第一种是千术手法，它的主要特点其实就是快，这个防范也很简单，比如注意变牌或是偷牌。打麻将时不要低着头，只看自己的手牌，这样肯定就容易被别人使用这样的手段。要时刻观察场上的现张情况，包括最后即使对方和牌了，也要看一下另外两家人或三家人倒下后手里面有什么牌，以及剩下牌山里面的牌，都可以翻出来检查一遍。麻将总共就一百多张牌，比如对手变了一个七筒出来，他是用五筒变的，如果我们手里面四个七筒都有了，他变一张七筒出来，就很明显，很容易被识破吗？

第二种是程序机及透视的眼镜。程序机洗牌过程要的牌上去，不要的牌退回来，跟打点数是匹配的，不管谁打，作弊的人都能拿到好牌。这种情况需要大家多加小心，通过专用检测器进行检测，亮灯说明为程序机，不要踩坑上当了；普通机器是怎么放都不会亮灯，因为要感应程序设备才会亮灯。程序机的工作原理其实是靠安装在机器里面的设备控制我们麻将机打点的点数，用检测器是可以检测出来的。当然，如果你不想检测，那么我的建议就是不要在固定的同一台机器上面玩，尤其是如果你在某一台机器上面都是输的，而某一个人都是赢的这种情况下，就一定要更换机器。对于透视眼镜，其实也是很容易去破解的。我们在打麻将的过程当中要注意观察，如果某一个人戴了这种眼镜，就一定会不断观察牌山，去看牌山里面哪一张牌在哪一个位置，他的眼睛一定是盯着牌山看的。如果说你发现某个人一直盯着牌山看，而且很容易摸到自己想要的牌，那就一定有诈。

第三种是两个人在同一台麻将桌上打联手，通过手势、眼神和肢体的动作提示队友需要什么，或者他自己手里面有什么样的牌。正常来讲，四家人在场上博弈的话，每个人都是围绕着自己的目标去进行的，追求的是自身利益的最大化。但是如果有两个人有着共同的利益，那么就可以通过一个人去配合另一个人，实现共同利益的最大化。这就相当于他们两个人形成联手去对抗我们场上另外两家人，而另外两家人并没有形成联手，各自为了自身利益而战。这种作弊的方式也是我们今天所讲的几种作弊方式当中最为隐蔽的一种，因为它不涉及任何道具，不通过安装任何程序，很难发现。针对两个人打联手的这种情况，我们如何去破解？最主要的一个特征就是你的两个牌友基本上每次都是同时出现，而且两个人同时上桌。假设今天只有其中一个牌友有空，他们很有可能就不玩了。

一般作弊的人一定是十拿九稳才会上桌，不做没有把握的事情。所以在实战的过程当中一定要注意观察，虽然麻将作弊的方式纷繁复杂，而且不断地变化，但是不管怎么变化，从本质上来讲，假的东西永远都真不了，只要你用心去观察，他们总有一天会露出破绽。我大家总结了如下几条。第一，麻将只能作为娱乐和社交的手段，害人之心不可有，防人之心不可无。第二，不要只知道埋头耕地，更要学会抬头看路，我们要用足够的时间去观察对手是否作弊。第三，麻将的本质是概率论，只要是某个人经常性地能够获得胜利，就值得怀疑，就要多加观察。因为从运气的角度来讲，既然运气是公平的，那么有输有赢才是正常的。但如果某个人的技术好而获得胜利，跟他通过作弊获得胜利，是完全不一样的。第四，建议不要跳出圈外去玩，更不要跟无业游民玩。如果我们是有正当职业的人，就跟自己熟悉的牌友玩，千万不要跟陌生人玩，因为你不知道陌生人是什么来历。

总之一句话，特别是对于新手而言，刚开始学打麻将的玩家一定要多长一个心眼。这节给大家讲解的这些作弊方式和手段可能不是最为全面的，大家也可以自己去搜索一下。我在这里算是给大家抛砖引玉，关于作弊的手段和方式，可能讲几天几夜也讲不完，但是防作弊的这些方法是共通的。只要我们树立一颗防范之心，时刻提高警惕，那么被别人打假的可能性就会很低。这些敢于在你身上打假的人，他们一定是看准了你身上的弱点，确定自己能够"吃"住你，才会在你身上运用这些低劣的手段。所以我想告诫大家的是，不要在牌桌上相信任何人，时刻都要提高警惕。这就是我们防作弊的核心。

第六章

麻将实战技巧

6.1 开局打法

◆开局打法 1

图6.1.1　开局打法

　　打麻将分序盘、中盘和尾盘，以这副手牌作为案例给大家讲解。如果这手牌摸进来一张一筒，那么你会选择打掉哪一张呢？先来分解一下这组牌，一筒一搭，三个四筒成牌，八九筒一搭；五六七万一搭，然后八万单张；二二三条一搭。这是一个一上听的牌型，分解到这里，我相信大部分麻友会选择打掉八万，或者五万。这手牌虽然说是五搭一上听型，但是大家可以看出，手里还有一个比较弱的八九筒的边张搭子。如果说最后卡在这个边张搭子上，那么估计这手牌的和牌概率还是很低的。如果这手牌在序盘前期，那么建议大家直接选择拆掉八九筒的边张搭子，然后利用五六七八万四连型去重新靠好的搭子。这种四连型的价值比大肚型牌、边肚型牌的价值要高，只要摸来四六九万的其中一张，就能组成一个好的搭子。所以如果这手牌在序盘前期，我的想法是直接选择打掉九筒。

如果这手牌是在牌局中期，那么我的想法是直接打掉这张二条，固定二三条的两面搭子。因为到了中期，如果二条还没有碰出来，那么有极大可能是和敌家对死了。而且在牌局中盘打掉二条，保留了五搭一上听的牌型，如果摸来一四条或摸来七筒都可以听牌。同时，也保留住五六七八万的四连牌型。

如果这手牌在牌局的尾盘，那么我们应该追求听牌的速度。因为这时大部分对手都已经听牌，我们就不应该过多地考虑听牌的质量，而应该以听牌的速度为主，直接选择拆掉五八万，以达到快速听牌目的。

总结下来，如果这手牌在序盘前期，应该直接拆掉八九筒；在中盘则应该折中拆掉这一对二条；在尾盘则应该直接打掉五八万，追求快速听牌。

◆ 开局打法2

图6.1.2　案例1

上面案例给大家讲解了麻将听早与听晚的区别，这里来给大家讲解麻将听熟与听生的概念。

大家要知道"自摸靠生张，点炮靠熟张"这个麻将口诀。我国地域辽阔，有的地方可以点炮和，有的地方却不可以。比如，广东麻将就只能自摸和，如果你盘盘都听熟张，就是一个愚蠢的做法。另外也要看对手属于什么类型，如果说在三个对手当中有高射炮手类型的，他不管什么牌型都会往上冲，那就要另当别论了。当然，我一般喜欢听熟牌，因为和得快。要知道，麻将是越和越旺，你旺到极点了，就再也没有人能够挡得住你。而且对于熟牌，不是说只能收炮，不能自摸，只是说熟牌在牌河里面有了，在牌山里面变少了而已，所以自摸的概率也就降低了。这里说的是自摸的概率降低了，但和牌的概率反而提高了，因为在可以吃碰胡的局里，大家会跟熟的概率比较大。但是听生张，比如现在这组牌现在是听卡二条。如果此时一条在牌河里面出来了一张，但是二条从头到尾都没有出现过，二条可能在牌山里面，也可能被人抓了对子，甚至被抓了暗刻或暗杠，那么你现在手里要和的这个二条呢？再也等不到了。所以如果不是打算自摸和牌的，那么能听熟张就要听熟张，不要选择去听还剩下比较多的生张。此时，如果说牌河里有人打出来一张北风，那么就要选择碰牌。如果碰到了，就打掉这张三条，然后去单吊一条。此时，牌河里面已经出来一张一条，反而会有更多机会。自摸和牌讲究的是你对整场牌局的把控，对敌家手牌的猜测是否准确，留对听搭的牌，从而增加自摸的概率。在这里，我只是给大家讲了一个听生与听熟的概念。

◆ 开局打法3

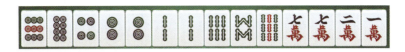

图6.1.3　留牌技巧

"开局舍牌看三家，别人不要我留它。"这句话的意思是牌起手之后，要先舍哪一门牌，是不能跟着别人走的。比如，如果桌面上有两家不要筒子，那么就说明这两家手里的筒子是很少的。再根据之前给大家讲的配牌概率，现在牌山里面剩下的筒子应该是很多的。这个时候，你可以留下手里的筒子。如果手里的筒子对比较多，那么就更容易碰成刻子，

此时，做成清一色也是有可能的。就算碰不到，你从牌山里摸出想要的牌的概率也是很大的。如果在可以吃的局，就更要这样做了。

在三家当中，对你来说最关键的就是上家。上家不要什么，你就应该留下什么。比如，现在大家看到的这手牌，很明显这手牌有六搭牌，而且有三个边张搭子。如果你要拆掉一张，就应该从八九筒、八九条和一二万这三个牌搭当中去做选择。此时，如果上家起手打过小的万子，那么这手牌就要去考虑拆掉八九筒和八九条，留下一二万，这个就是牌桌上面说的"一家摸不如两家摸"。当手上的牌搭是上家不要的搭子，那么进牌的概率就变成两倍，即上家摸打和自己摸进。当上家打过之后，再次摸到这张牌，是不是又不要了呢？这时就要看上家拆过哪一搭。比如，上家拆过六八筒，那么你手里要是有八九筒的话，就要留住它。虽然说八九这种搭子的质量很差，但因为上家拆过六八筒的搭子，现在你手上的这个八九筒的价值就得到了提升。如果你处于一个不能吃的局中，那么就要看其他三家。如果其他三家不要大的筒子，那么你就要留下手里的八九筒。考虑拆掉一二万和八九条；如果其他三家不要大的条子，那么你就要留下手里的八九条，考虑拆掉八九筒和一二万。这是因为每个人起手打的第一张序数牌，一般都是离这个同花色的数牌比较远的。因为它连不上，所以敌家才会打出来；如果敌家手里没有，那么你就可以等着摸牌进张了。

◆开局打法4

图6.1.4 序盘规律

这里再与大家分享一个非常实用的麻将口诀，"序盘见幺九，二三两面留；中盘无幺九，二三两面拆。"这句话是什么意思呢？就是说在正常情况下，一九肯定是在序盘前期就打出来的，如果打出的一九并没有人去碰，那么说明其他三家手里没有一九的对子。当然，这里也不排除有些麻友是头张不碰，专碰第二张的。但这种人毕竟是少数，我们只讲大概率。所以在序盘前期，如果有人打出一九，却没有人去碰的话，那么剩下的一九在牌山里面的概率非常大。这个时候，如果有二三和七八的这种两面搭子就是好牌。但如果是已经到中盘，而你要的一九牌在牌河里一张都没有的话，那么结果就很明显了，你要的牌可能在别人手里成了搭子、顺子或刻子，这个时候你就不要再去想一九了。如果你手里有好几个二三和七八的两面搭子要拆，那么这时候就要看哪个两面搭子的一九出现过。比如，一筒出现过，那么你就要保留二三筒这个两面搭子；九万没有出现过，那么你就要拆七八万这个两面搭子。如果牌河里面出来了两张一筒，要不要留下这个二三筒呢？答案是要留下。如果时间和张数发生了冲突，就应该以时间为准。也就是说，到了中期，要拆没有出现一九的那个两面搭子；到了中后期，哪怕这个一筒出来了三张，还是应该保留这个二三筒。如果九万到了中后期，一张没有出过，那么还是要选择拆掉七八万。如果把七八万换成五六万的话，又应该怎么拆？之前和大家讲过，两面搭子的好与坏取决于它的靠张是中张还是边张。

排除牌河里已现张的影响，二三筒的表面搭子的价值要大于五六万的表面搭子的价值。如果在牌河里，一四筒和四七万都出来得差不多的情况下，那么肯定要选择拆掉五六万，保留二三筒。但是，如果已经到中后期，一筒在牌河里面一张都没有出现过，这时候就不能拆掉五六万了，而是要拆掉二三筒的两面搭子。还有，对于二三和七八这两个两面搭子，排除牌河里已现张的影响，它们的价值是一样的。

◆**开局打法5**

图6.1.5 打孤张的技巧

什么是孤张的距离原则？在正常情况下，对于一二三四五六七八九这样的竖排孤张，又应该如何取舍呢？大家应该都知道，孤张的价值是由它的靠搭价值和靠搭数量决定的。价值最高的肯定是三七，其次是四五六，再次是二八，最差的当然是一九。这些孤张会受到周边环境的影响，其价值也会随之发生改变。

下面给大家具体讲解孤张的距离原则，这一原则是决定孤张去留的重点。距离指这个孤张距离手上其他牌大致有多远。比如，图中的一条就是孤张，它与四五条中间的距离是两步，即隔了二条和三条。一七八筒呢？孤张一筒与七八筒中间隔了二三四五六筒，距离就是五步。那么最远的距离是几步呢？那就是一到八九的距离，中间隔了六步。一般情况下，距离在四步以上的就非常少了。根据这样的算法，我们就知道应该打掉哪一张了。比如这里的一五条和一七八筒，当然应该选择打一筒。

这里的一四五条和二七八筒呢？应该怎么打？在这里，一条的价值虽然低于二筒，但是二筒距离七八筒有四步，而一条距离四五条只有两步。所以在这种情况下，就应该选择打二留一。

按照这样的推理，是不是距离为一步就是最好的孤张呢？像一三四、二四五、三六七、四六七、五七八、六七九这些孤张与牌搭之间，就只隔了一张牌，这种孤张就叫衍牌。关于打衍牌的技术，前面章节给大家讲解过。俗话说"距离产生美"，但是牌与牌靠得太近，反而成了废牌。一些特殊情况除外，比如四六七筒，本来是要选择打四筒的，但是突然摸进来一张八筒，那么手里的四筒就变成很好的牌。这里请大家记住一点，就是靠近成牌最近的临牌孤张，是最好的数牌。很多时候，这局牌的成败就是由这个孤张所决定的。相同的道理，比如一三四五中的一、二四五六中的二、三五六七中的三、四六七八中的四、五七八九中的五、五六七九中的九，这些孤张都非常不错。

◆ **开局打法6**

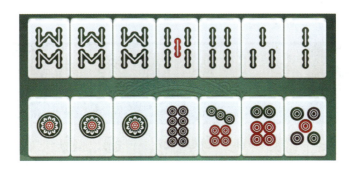

图6.1.6　局势判断

什么是"一路不见？"关于序数牌的一路性，在这里就不再多讲了。一路不见，也就是说筒子这一门，所有筒子都出来了，唯独二五八筒没有出来。这能够说明什么问题呢？说明敌家对二五八筒的需求量是非常大的，因为牌河里面的一三四六七九的筒子牌都是他们组合好的搭子多出来的牌。如果此时他们没有二五八筒的话，那么他们手里的搭子就组合不了顺子。什么是"整门不见"？在这里指的是条子牌，所有条子一张都没有出现过，这就说明敌家手里的条子牌可能也不多，或者还没有组合好，或者对子甚至还没有听在这个条子牌上。

现在就以这副手牌给大家讲解。大家看这手牌，如果此时摸进一张五筒，那么你会选择打掉哪一张呢？很明显，这手牌如果打二五条，就听五八筒；如果打五八筒，就听二五条。至于如何抉择，需要我们根据牌河里面已经出来的牌来定。如果此时牌河里二五八筒是一张都没有出现过，然后条子也是一整门都没有现过，这样看似好像打五八筒或者二五条都很危险。但是从概率的角度来看，实战中的打法应该结合此口诀选择舍去哪一张牌。所以针对这手牌，如果你选择打五八筒，那么必定是点杠的或者是点炮的。所以在这种情况下，你应该直接选择打二五条。

◆开局打法7

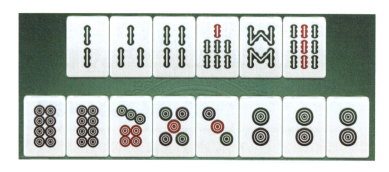

图6.1.7　封闭性原则

　　如果你听牌总是选错，那么说明你对序数牌的封闭性原则了解得还不是很透彻。就像这样一手牌，如果此时你摸进一张二筒，那么你会选择打哪一张牌呢？大家可以看到，这手牌摸进来二筒后，就听牌了。如果选择打七筒，就听卡四筒；如果选择打三筒，就听卡六筒。看似没有什么区别，都是和一张牌。如果在牌河里，四六筒几乎都出现过的情况下，那么你会选择怎么打呢？对于现在这种情况，我们就要先看留下的那个搭子周边牌的情况。另外，还要看有没有后续的优化空间。我们先来看打三筒听牌的情况。大家都知道，能和六筒组成顺子的就是五七八筒。而五七八筒，如果手里已经占用四张，其实也会造成敌家手里的牌能和六筒组成顺子的可能降低一到两组，那么敌家打出六筒的可能性也是很大的。我们再来看还有没有优化的空间。如果后面能够摸来五筒，那么就可以选择打这张八筒，这样就可以把它优化成听六九筒的两面听。接下来，我们再来看打七筒听卡四筒，能和四筒组成的顺子就有二三五筒这三张牌。同样地，这三张牌手里就已经占用五张。那么是不是敌家对四筒的需求同样会少一到两张，甚至会少三张呢？我们再来看这样有没有优化的空间。如果能够碰到这一对八筒，那么你就可以选择打五筒了。此时，就改成了听一三四筒的三面听牌了。这个时候，一三四筒就是需要自摸的一手牌。这是因为手里有三个二筒，所以就会对一三四筒这三张牌造成不同程度的半封闭和全封闭效果。因此，这手牌正确的打法应该是直接选择打七筒，暂时先听卡四筒，以取得较好的优化机会。

◆开局打法8

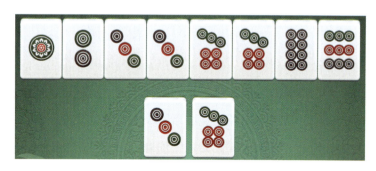

图6.1.8 金三银七

"金三银七莫乱碰，谨防碰断把分送"。在序数牌里面，三和七被称为尖张，而三和七又是唯一一组可以同时关联一至九的序数牌。而且它们掌握着边张搭子一二和八九的生死，所以被称为"金三银七"。关于金三银七，大家可以去翻看前几章，在这里就不过多讲述了。今天的这句口诀主要讲的就是在顺子组合里面，当遇到一二三三和七七八九的时候，不要去乱碰。因为你碰了，手里剩下的一二和八九的边搭就很难再次组成好顺子了。当遇到一二三三四六七七八九时，更不应该去碰。这是因为本来你手里有一个顺子，加上一个两面搭子，选择碰后，手里就会多出来一个边张搭子，加上一个孤张，更得不偿失。再就是当你遇到一二三三五五七七八九时，也是不应该去碰的。因为碰后，如果丢掉三五和五七的坎搭，也是很可惜的。所以凡是在顺子组合里面有三和七，都不要去乱碰，因为碰断后会把自己的手牌进程拖慢，相当于把分送给了别人。但如果不是顺子，是单纯的对子，就可以把它碰断，以此阻击别人的边搭。

敌家看到三七没有希望了，自然而然会拆掉边搭。这样一来，敌家的进程一慢，就等于你向前进一步了。

如果三七在手里是单张，那么应该怎么办呢？这个时候就要看你们那边能不能吃牌了。如果可以吃牌，那么对于单张三和七，你要看你的下家有没有打过大挂和小挂的牌。这是什么意思？比如，你手里有一张单张三要打，如果你的下家没有打过小挂牌，那么你手里的这个单张三就不要轻易舍出；如果你扣着两巡不打，那么你的下家手里的一二的边张搭子组成概率可能会降低。如果在开局两巡还组合不好，那么大部分人都会选择拆掉边张搭子。如果你的下家能够多打几张边张，那么你的对家也会很难受，这样还能取得隔山打牛的效果。

◆ **开局打法9**

图6.1.9　三连坎

前面给大家讲解了麻将听早与听晚、听熟与听生、听顺与听背，现在就各种类型的牌搭讨论一下。先来讲一下最容易听错的三连坎，比如一三五、三五七、五七九等，这些牌的听牌有三个重点。

◆第一个重点是看牌河里面的牌。如果打到中期，牌河里出现一张好牌，比如手里是三五七万，牌河里有一张六万，而一张四万都没有出现过，那么在这个时候，就要去听这个见一张的好牌，打三万，选择听坎六万。即使之前打过两张六万，这样选择也是可以的。但如果六万已经出现三张，那么就不要选择听六万了，因为另外的一张六万很有可能已经是其他家手里的搭子或成牌。如果牌河里一张六万都没有，也没有听六万的必要。

◆第二个重点是听牌的时间。如果在六巡以内就听牌，那么就要考虑搭子的变化。比如说一三五，如果早打五，对于可以吃的局，那么下家很有可能被吃进；对于不能吃的局，那么早打五，后面再摸到六，就会丢失听四和七好搭的机会。所以在前期，还是要选择打这个边张一，然后留下两个中间张的坎搭来靠，这样得到听两面的概率要大一些。

◆第三个重点是看牌流和牌感。比如二和六这样的三连坎，如果打六，就可以单吊三。但如果你觉得坎五一定可以摸得到，而且摸到的概率很高，那么就要尊重自己的牌感，选择留下四和六的坎搭，选择打掉这张二。如果当天你很少摸到过尖张三，那么牌感差的时候就不要去留了。如果恰恰相反，你当天经常会摸到尖张三，那么这个时候就要留下这个二和四的坎搭，选择打掉这张六。因为如果你当天的牌感是很好的，那么很多时候你都能够自摸和牌。当你牌感好的时候，就不要受到常规打法技巧的影响，一定要尊重自己的牌感。很多时候，牌感大于牌技。但大部分人在手里有二和六的坎搭的时候，心里想的是打六听坎三，可是当看到场上有人打了二之后，又会选择跟打二。在这种情况下，如果你后面再摸到这个三，那么气势就会大落。所以如果当天你的牌感很好，就一定要相信自己的牌感。另外，牌流也是很重要的一方面。如果其他人在这几巡内摸到过三，并顺手打掉，那么进坎三多半也是好的。如果有人摸到过五，也是随手打掉，那么听坎五就是非常不错的选择。

◆开局打法10

图6.1.10　麻将的战略

为什么打麻将会一直输？可能是因为你还没有完全弄懂麻将的十二圈基本战略。先来看一个案例，比如刚刚开场的第一局牌，摸到五对牌，手牌是六六七八筒，一对二万、一张三万、北风对、八条对、四条对，这时候的牌可以朝着七小对的方向发展。如果此时场上有人打出一张四条，那么碰还是不碰呢？在这里，我给大家引入一个"赢在头四圈"的概念。如果这手牌是刚刚开场，就应该选择碰牌。在碰到后就可以打这张六筒。那么在没碰之前呢？手牌七对三摸一是一进听的牌，碰到这张四条后，同样也是一进听。此时，碰二万、北风或八条，这边摸来一万或四万，都可以听牌。这三个都是非常容易碰出的对子，一万或四万也是很好进的，这手牌平和的概率非常高。如果说不碰这个四条，而去做七对的话，那么成功的概率就未可知了。

麻将圈有句俗话叫"打牌若无敌，神仙也无解"。既然是刚刚开场，就要抢一个"快"字。很多人都不了解规划战略，一上桌就按照老套路去打。特别是有些人喜欢做大牌，只要见着一些大牌的影子，就硬做大牌，或者一上场就死盯敌家，还没有等到中场就已经节节败退。这种人就是不懂得"赢在头四圈"的战略。打麻将的人一定要明白一点，上场开始打的第一局牌必须抢和，而不是去做大牌，切莫过分看重盯张，更不要去扣牌。要知道，如果头四圈没有掌握好牌风，导致牌风转弱的话，那么接下来就会像逆水行舟般费力。要想赢在头四圈，头两圈最为重要，即使不能独占鳌头，也不能屈居末尾。事实上，如果到了第四圈，你还没有开火的话，那么基本上是大势已去。即使你再拼命挣扎能打个平手，也算是谢天谢地了。如果在头四圈有一家牌风很旺，那么在下四圈，其他三家就要有同舟共济的概念，要合力围歼他，遇到他要摸牌，就算拆搭也要去碰掉他，一张也不能放松。当他做庄听牌时，其他三家宁可放张给另外一家和牌，也绝不能让他连庄。如果他坐庄时满手一九打也打不完，那么三家闲家就要一起作陪，逼他多输。总之，要用合纵连横之术控制旺家，绝不能让他一家独大旺到底。如果三家不能配合，或者另外两家是新手，根本不懂得这个战略，那么你在头四圈就要去抢"快"。无论怎么胡，反正只要有胡就胡，哪个快就胡哪个，就抢一个"旺"字。到了第二个四圈的时候，你就要趁势逼近，有机遇牌，就做大牌；没有机遇牌，就保守不冒进，少有斩获，也算锦上添花了。如果还有第三个四圈，那么这个时候就要逼紧牌势，越保守越好，尽量让每一家都和小牌，以避免大牌的出现。这样下来，你就算在后四圈没有和牌，等到了收场，你也不会是最大的输家。如果你经常按照这种战略去打，长久下来，你一定是一个有正收益的玩家。而事实上，大部分麻友都是在头四圈不好好打，打到中场的时候才发现自己输多赢少，于是急急忙忙地开始追赶。这个时候，心态和思维各个方面都是很糟糕的，又应该怎么追赶？也有些人在头四圈赢了不少，而最后还是输。之所以会出现这两种情况，主要是因为打麻将的人不了解麻将的十二圈基本战略，也就是只有战术而没有战略，其败也固已。

◆**开局打法**11

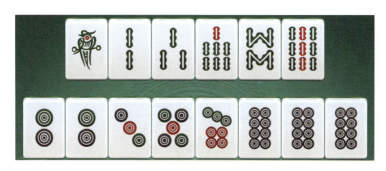

图6.1.11　听牌的原则

　　为什么有的人打麻将会一直输？可能是因为他们对最基本的听牌原则了解得还不是很透彻。就像这样一手牌，如果此时摸进一张八筒的话，那么你会选择打哪一张牌呢？我们先来分解一下这组牌，条子这边是很完整的两副成牌，筒子这边是三个八筒暗刻；然后这边，三五七筒是一个三连坎；最后这边，对二筒一搭。这手牌分解完，很明显，打三筒就听坎六筒，打七筒就听坎四筒。那么可以随便打一张牌了吗？其实不是的，对于这手牌，有一部分麻将老手可能会选择打这张五筒，而暂时先不听牌。等小的筒子这边来一二四筒，或者这边来六七九筒，有机会听得更好的时候再听。如果你有这种思维，那就大错特错了。我之前跟大家讲过，麻将的核心是拆搭和快速听牌。对于快速听牌的好处，我已经说过很多次，在这里不再多说。总之，你只有听牌了，才有机会和牌。先不管听得好坏，听了之后再想办法优化听牌，这才是最正确的方法。所以对于这种牌，正确的打法应该是直接选择打掉。对于例子中的这手牌，要打这张三筒，先听坎六筒再说。有的人可能觉得听坎六筒很差。实际上，这手牌听坎六筒并不差。大家可以看一下能和六筒组成的顺子是不是有四五六筒、五六七筒、六七八筒这三组。但大家可以看一下，这三组牌在我们自己手里已经占用五张，那么是不是就会导致这三组顺子在其他三家手里组成的，可能至少要减少一到两组？如果是这样，那么其他人打出六筒的可能性是不是也很大？如果其他人没有打出六筒，那么有很大可能是六筒就在牌山里面，你只需要等待自摸就可以了。如果说此时牌河里面再出来几张四五六七八筒的话，那么你自摸的概率就会大很多。这个其实就与"不听对倒，选择听坎张"的道理是一样的。而且如果这手牌打掉三筒，那么后面依然还有可以优化的空间。比如，如果你在后面能够碰到二筒，那么还可以选择打五筒，这手牌依然可以听六七九筒。所以大家要明白一个道理，听牌快才是最主要的，听得好不代表和牌的概率大，真正听得好，一定是听其他家留不住的牌。对于不能靠点炮，只能靠自摸的局，同样需要选定其他人留不住的牌。首先，大家要搞清楚和牌的方式有几种，是不是有自摸和牌和别人点炮给你和牌这两种方式。如果是不能靠点炮的局，那么对你来说，只是少了一种和牌方式而已。但是如果你选定的牌是其他家留不住，且牌河里也没有的，那么牌是不是有很大可能就在牌山里？我给大家分享的那些最大概率打法的技巧也是一样的道理。有的人可能会说，这边不能吃牌。对于这种情况，首先你要搞清楚麻将的竞争方式是不是有摸牌进张、碰牌进张、吃牌进张、杠牌进张这四种进张方式。我给大家讲的最大概率打法的技巧，针对的就是怎么打才能最大概率地进张，如果你不能吃牌，那么你只是少了一个吃牌进张的机会而已，还可以碰牌进张、摸牌进张或杠牌进张，依然需要用到最大概率打法的技巧。所以要先搞清楚牌理，更何况牌理都是相通的。

◆ 开局打法 12

图 6.1.12　麻将的位置

　　麻将的位置真的很重要吗？有时候，自以为打了几十年麻将的老手也不一定了解其中精髓，他们可能只知道打麻将是有概率的游戏，是由运气高低而造成胜败的游戏。但麻将除了靠运气外，还有很多重要的东西需要人们不断地领悟。有时候五面进牌，比如进的一四七万、五八万，却可能输给了别人听的卡一条，这是概率吗？被碰断了两头居然还能自摸，这是概率吗？有时候自己的手牌有十几张牌可以进，甚至有二十几张牌可以进，却丝毫不动，这是概率吗？起手一进听的牌，打到最后都没有听牌，直到别人自摸，甚至自己还点炮了，这也是概率吗？三面听牌了，发现十一张没有出来，起手盖牌，满以为绝对能够和牌和自摸，但是打到最后，自己点炮也没有看到牌，最后结束翻牌一看，发现自己要的牌全部都埋在牌山最末端，难道这也是概率吗？

　　麻将概率固然重要，但麻将同样是一个由气控制的比赛。谁能主宰牌桌上面的气势、气流和气运，谁就有可能主宰胜利。要想掌握气，就得知道位置的重要性。所有的麻将书籍都会强调"扬黑抑红"的战术，位置的观念就是建立在扬黑抑红的基础上的。但麻将的位置是指什么呢？它有三种：第一个位置就是地理位置，即东、南、西、北四个座位；第二个位置就是旺弱的位置，赢得最多的第一名、第二名和第三名，输得最多的是第四名这四个名词；第三个就是俄罗斯轮盘位置，即强敌与弱敌处于相对的位置。

◆**开局打法** 13

图 6.1.13　回头牌

你们知道"牌回头，留一留"这句话的真正含义吗？先来讲一下回头牌的价值，最常见的就是拆搭。比如，你手里有一个一二筒的边张搭子要拆，如果选择打一筒，然后反手把三筒给摸回来了，那么在这个时候，千万不要埋怨，因为从回头牌的角度来说，这是一件好事。现在你可以选择打掉二万，还可以回头要这张一筒。这样的话，那些牌不好的却喜欢跟着你打的人，他手里如果有一筒，看见你刚刚打了一张一筒的话，肯定会选择跟打一筒。这样的话，你就可以直接吃掉他的一筒，这个就是回头牌最基本的价值。那么他同样会颠覆我之前给大家讲的各类搭子的价值区分。这是什么意思呢？比如，现在这组牌里有三个搭子要拆，你肯定要选择拆掉最差的三五万这个卡张搭子。当你选择打掉三万，在下一巡又摸进来一张四万，那么现在手里的四五万、二三条和二三筒这三个两面搭子，哪个搭子的价值更高？排除其他因素的影响，按照我之前给大家讲的各类搭子的价值区分，二三条和二三筒的两面搭子的价值肯定要高于四五万这个两面搭子。但是由于刚刚选择打掉三万这张牌，实际上，四五万这个搭子价值就要提升了，因此现在不能选择拆掉这个四五万了，而是要选择拆掉二三条，或者拆掉二三筒。这样就有两个好处：一个是防止后面会有万子的牌流发生；另一个，假设后面能够替代这个四五万的两面搭子，那么其他家会以为你不再要三万了。这时因为在上一巡，你刚刚打了这张三万。我们再来看一下这手牌。有些时候，即使面临一个不好的结局，也要留一下回头牌。比如，手里有一个八九条的边张搭子要拆，很多人都喜欢先打八条，再打九条。这样做的目的是，如果你先打九条，而别人碰了九条，他听二五八条的话，那么你再打八条就能点炮了。但是，如果你打了八条，在下一巡又摸进来一张七条，那么这时候，你手里就形成一个七九条的边张搭子。虽然这个边张搭子相较于这手牌是最差的，但是这个七九条是回头牌，所形成的边张搭子的价值肯定会提升，可以认为它比这种五七筒的卡张搭子还要好。那么这时候你就不能继续拆掉这个七九条的边张搭子了，应该选择拆掉这个五七筒的卡张搭子。如果这样做，就算这牌后面能够替代这个七九条的边张，大致上也是非常不错的。另外，单张牌也有回头牌。比如，你刚刚打了一张八万，而在下一巡又摸回来一张八万。这时，你一定要把它留下来观察两巡，说不定就会有牌流发生，也就是会连续摸到这个万子周边的牌。

不管你是手洗麻将还是机洗麻将，麻将牌都不可能洗得很分散。再比如，有的人先打了一张八条，在下一巡摸进来一张六条继续打出去了，然后在下一巡摸进来一张七条。那么这个时候，他就不能再打七条了。这是因为，俗话说得好："事不过三。"打了前两张牌还算是情有可原的，但是如果打了第三张，就是打出去一个顺子成牌，那么你觉得这手牌还有希望吗？我还经常看到这样的情况，比如一个人刚刚摸进来一张三条，直接选择打出去了；在下一巡又摸进来一张三条，又给打出去了；接下来，又摸进来一张三条，直接打了出去，还点炮了。之所以出现这种情况，就是因为打牌的人不懂回头牌的价值和牌流的信息提示。

所以大家一定要记住，牌回头必须留。

◆**开局打法** 14

图 6.1.14　牌风不顺的情况

　　麻将的赢或输，并不在于当牌风好的时候，打牌的人应该怎么去打牌。如果牌风好、运气好，那么谁都会打牌。当牌风不顺、运气很差时，打牌的人该怎么去处理呢？我给大家整理了五种牌风不顺的情况。遇到具体情况时，应该怎么去打牌，大家可以参考一下。在麻将牌谱当中，有一句话叫"牌不顺要养，心不顺要稳"。打麻将最忌讳的就是手气不顺，而且越打越躁。有的人一旦手气背，就开始摔牌，甚至指责别人打得慢，开始敲桌子。这种人一般都是输得最惨的。因为此时他的运气很差，如果他带着情绪去打牌，只会让接下来的手气更差。所以一个人想要成为麻将高手，就要懂得进退，也就是即使在首开不顺的时候，也能够处理得很精彩。其最高的境界莫过于抽到一手烂牌，却能够抓个杠，拖到别人点炮；打一晚上的烂牌，却能够让自己少输。如果能够做到这个程度，那么等到最后结束了，就算输了，也会有很大的成就感。有些时候，其实少输也是一种赢，可是很多人不明白这个道理。

　　接下来，我们就来讲一下，在哪五种情况下必须退出战局。

　　◆第一种，炮牌超过了两张。比如，你手里的牌，筒子这一整门就二五八这一条线没有出来，这个时候你摸到一张五筒的炮牌，留在自己手里没有打出去；然后下一巡摸进来一张二筒，又是炮牌，那么这时候你这手牌基本没戏了。这是因为在此时听并不是特别好。我在之前就和大家讲过，手牌听得不好的时候，不建议大家冒险去冲，这个时候只能边战边退。如果后面你摸进来一张八筒，就要选择坚决地撤退了。

◆第二种，如果十巡以内还没有到达一进听。在很多地方，大家只打数牌，那么只有一百零八张条、筒、万，减去庄家手上的十四张，三家闲家手里的十三张牌就只剩下五十五张。如果有些地方再抓六只鸟，那么剩下的牌就更少了，只有四十九张牌可以摸。平均下来，每个人最多只能摸十三张牌也就到底了。在大多数情况下，一局麻将打不到第十三巡就已经有人和牌。大家可以统计一下实际情况，做一下调整。一起打麻将的人的水平也会影响和牌的平均巡数。所以当打到八九巡的时候，如果你的手牌还没有到达一进听，那么你就要做好撤退的心理准备了；如果你还停留在两进听，还想靠剩下的两三巡来摸牌、听牌、胡牌，那真是太幼稚了。很多人明明还没有听牌，在快要和牌的时候还在冲生张点炮，这就让人有点儿看不懂了。

◆第三种，连续五巡不进牌。即使你起手就是二进听，但是只要在连续五巡之内都没有从二进听变成一进听，那么就等于牌流在告诉你要下车防守。你可能并不相信，但在这种情况下，即使打到别人和牌，你可能仍然停留在原地。上家一听牌，打出来一张给你，你一吃或者一碰，可能就会点炮了。我相信经常打麻将的朋友们对此一定深有体会。所以，当牌流不顺、五巡不进牌时，你就应该选择坚决地撤退。

◆第四种，起手四进或五进的牌。如果你那里打麻将是可以点炮的，就像这种起手牌，那么也应该选择果断撤退。其实，这与连续五巡不进牌是一样的道理，当起手是四进或五进的牌时，你就不能再等到牌到中巡时。偶尔给你几张好牌，就又会激发你继续战斗的热情。你有没有想过，当你起手四进或五进时，那些牌比你好的人到了中巡，可能已经听牌。在这个时候，如果你仍旧继续"战斗"，那么最后点炮的不是你又会是谁？而且对于起手四进或五进的这种牌，就算你在刚开始起手的每一巡都进一张有用的牌，听牌也要到四巡或五巡以后。正常情况下，四巡或五巡已经属于中期，和牌基本上发生在八巡左右，那么你觉得靠剩下的三四巡自摸的概率有多大？更何况你也不可能在每一巡都进一张有用的牌。

◆第五种，连续点炮三把以上。在牌桌上，如果有人说他曾经连续点炮十把，那么这一点儿也不奇怪。如果你连续点炮三把，而这一把你刚听牌，就摸到一张生张和危险牌，或者你还没有听牌就摸到生张和危险牌，就可能是牌在"戏弄"你了。如果此时你还不知进退，还抱着侥幸心理往上冲，就要注意了。当连续点炮三把以上时，你就应该严防死守了。你可以把所有的生张当成炮牌，甚至只要不是这一巡打的牌，全部都可以看成炮牌。大家不要觉得这样做很夸张。因为你点子一背，你摸什么就会放什么；即使你在上一巡看见别人刚打过的牌，你在这一巡跟着上家打也可能点炮；即使字牌桌子上面出现了两张，你打出去也会给别人单吊。所以当你连续点炮三把以上时，一摸到生张和危险牌就应该选择果断撤退，以安全为上。

根据以上这五种情况，当牌风不顺的时候，你就要学会放弃当下三四局的胜负，甚至五六局的胜负，学会养牌。如果胜负按照圈数平均来算，那么你打一圈下来是四局，就算四个人平均分，你也只能赢一局，而且不可能每一局都是你赢。明白了这个道理，有时你就应该选择放弃，等到把牌势养上来之后，再找机会去进攻。如果牌风不顺，你却只想着赢，于是把把都去主动进攻，就会造成其他家越打越顺的情况。赢家赢的次数越多，他的状态也就越好。此时，赢家在心态、身体状态和牌势方面都碾压你，你说还怎么打？

最后，我再说一下那些点子很背，还看不起小和的人。当牌不顺的时候，能和就要去和，哪怕听得很好，也不要去贪自摸，不要想着一把和个大的牌好来彻底翻盘。此时，只有多和几次，你的牌势才能慢慢地养上来。有时你只是和了一个小的，但是对于其他家来说，就不一定是个小和了。比如，你的对家正在做大和，马上就成了，而你现在的这个小和直接把他的大和打断了。再比如，上家连续坐庄好几次，结果你的一个小和就能够打断他连赢的牌势。对你来说，这个小和好像没有什么，但是对于其他家来说，打击可能是很大的。所以有些时候，打击其他家也是在帮助你自己，你的眼睛可不要只盯着自己的手牌。

◆ 开局打法 15

不要跟什么样的人打麻将？你们有没有思考过这个问题？如果你遇到这三种人，那么一定要避开。这三种人如果喜欢打麻将，只要对麻将稍做研究，就很容易成为麻将高手。

◆第一种，情绪极其稳定的人。你很少能够见到他大喜或大悲，他不会因为赢了一点就飘飘然、喜形于色，也不会因为输了一点就面露难色。反正他就是处于一个非常稳定的情绪状态中。

◆第二种，宠辱不惊的人。这种人不会与任何人争对错的，总是宠辱不惊，对任何事情都没有什么反应。这种人也非常厉害。

◆第三种，看上去很冷漠的人。这种人给人的感觉似乎是没有什么感情，而不是爱憎分明、敢爱敢恨那种。

　　对于这三种人，你们一定要尽量避免与他们对战。如果你遇到的人与这三种人相反，那么你就可以好好地与他们玩一玩了。你偶尔也要演一演戏，避免一直赢，以免导致后面他们不跟你玩了。

6.2　最大概率打法

◆最大概率打法1

图6.2.1　案例1

　　我们先来分解这手牌：三个二条成牌，三个四条成牌，三条单张，万子这边是一个复合牌型。这时候有人会选择打三条。如果选择打三条，那么可以进的牌有一四七万，一是三门十二张，减掉手里的三张，还有九张牌的和牌概率。如果这手牌选择打一万，那么可进的牌有一二三四五条，一共是五门二十张。减掉手里的七张，还有十三张牌的和牌概率。这么一比较，很明显比打三条多了四张牌的和牌概率，而且手上有三个两条和三个四条，这就导致一三五条的半封闭效应，敌家也更容易点炮。

因此，这手牌的正确打法是打一万。

◆ **最大概率打法 2**

图6.2.2　案例2

我们先来分解这手牌：三个一筒一搭，一对五万一搭，六七八万一搭，一对八条一搭；四四五五条既可以看作两搭牌，也能看作一搭牌，先将它分解成一搭，这样五搭牌已经足够。这手牌型是靠张一上听，看似打五条的效率最高，但大家也别忽略了一个点，就是这里已经有五对，做成七对的可能性也是很大的，只要来一张也是靠张一上听。所以这手牌的正确打法是打八万。打了八万，既兼顾了大和的可能性，也兼顾了平和的可能性，这样一来，听牌效率才是最高的。

◆ 最大概率打法 3

图6.2.3　案例3

我们先来分解这手牌：一对一万一搭，二三四万一搭，四五万一搭，三四筒一搭，一对七筒一搭，七八九筒一搭。万子上可以分解为两搭牌，四四五万一搭、一二三万一搭。这手牌的正确打法是打四万。打出四万之后，如果后面摸进三六万的进张，则同样能够听牌。

在这里，我再与大家分享一个小技巧。对于这种复合牌型，应该优先拆成牌，尽量以五搭牌的原理来分解。当我们手上没有多余的牌时，听牌效率较高。

◆ 最大概率打法 4

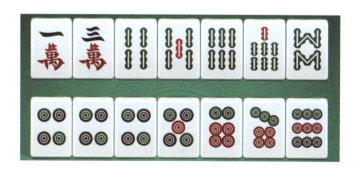

图6.2.4　案例4

我们先来分解这手牌：一三万一搭，四五六条成牌，七八条一搭，三个四筒一搭，五六七筒一搭，九筒单张。大部分人都会选择打九筒。但是这手牌缺的是对子，而这种四四四五六七九的牌型是非常好摸对的。这种五六七筒的顺子，是可以把四筒的暗刻功能传递到七筒上面的，所以再摸进来九筒，这手牌就可以变为两副成牌加一对。如果没有摸进来九筒，而是摸进来八筒，那么也可以变成两副成牌加一对。所以如果筒子是两搭牌加一对，条子也是两搭，那么这副牌就是非常好的牌了。这手牌的正确打法是打一万。打出一万之后，如果摸来八九筒，就可以听三六九条；如果摸来三六九条，就可以听八九筒。

◆ **最大概率打法5**

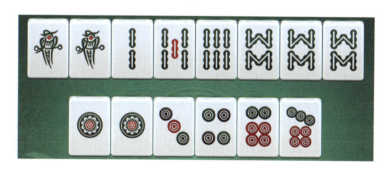

图6.2.5 案例5

我们先来分解这手牌：一一二条一搭，五六条一搭，三个八条一搭，一对一筒一搭，三四筒一搭，六七筒一搭，有六搭牌，按照五搭牌的原理，需要拆掉一搭。相信很多人都会选择打二条。这是因为五六条、三四筒和六七筒都是双面搭子，所以一二条看似最差，但是这手牌在打出二条之后会损失三条的进张，而且仍然还有六搭牌。其实这手牌可以将筒子分解为一一三筒一搭、四六七筒一搭。如果这样分解，那么来二筒有用，来五筒也有用。这手牌的正确打法是打四筒。

◆**最大概率打法6**

图6.2.6　案例6

我们先来分解这手牌：万子这边很简单，就是两搭牌条子这边是一个复合牌型，可以先抽出边上的顺子，然后三五条一搭，一对一条一搭。很多人都会选择打三条，但这其实是不对的。这手牌是一个非常经典的一三五条牌型，可以进张一二三四五条。所以这个三条起到非常重要的作用，使一条和五条不仅能碰，还能与一条和五条连上。因此，这手牌的最大概率打法是打八万。

◆**最大概率打法7**

图6.2.7　案例7

我们先来分解这手牌：三五五筒一搭，六七八筒成牌，二三条一搭，六七八条一搭，七九九条一搭。拆解到这里，相信很多人都会选择打七条。但这手牌针对六七七八九九条，如果再摸进来五八条，就可以打九条，使这手牌变成两副成牌；如果碰了九条，就可以打七条，使这手牌变成两副成牌。所以六七七八九九条这个复合牌型不仅可以帮提供五八九条的进张，还很容易摸成两副成牌。这手牌的正确打法是打三筒，之后碰五筒、碰九条，或者摸进来一四条或五八条，都可以听牌。这手牌只有这样，听牌的概率才能最大。

◆**最大概率打法**8

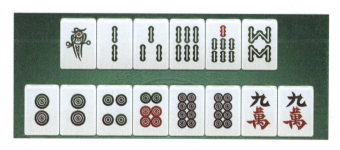

图6.2.8　案例8

我们先来分解这手牌：一二三条成牌，六七八条成牌，一对二筒一搭，四六筒一搭，一对八筒一搭，一对九万一搭。相信很多人都会选择拆掉四六筒，而舍不得拆对。拆掉四六筒之后再打四筒，可进的牌有二七八筒和九万，一共是四门十六张，减掉手里的六张，还有十张牌的听牌概率。打四筒和打六筒的进牌张数是一样的。其实这手牌的正确打法是拆掉二筒的对子或者八筒的对子。如果选择打八筒，那么可进的牌有二三五七筒和九万，一共是五门二十张，减掉手里的四张，还有十六张牌的听牌概率，比打四六筒要多六张可听的牌。所以这手牌的正确打法是打八筒，使整手牌的听牌速度至少提高50%。

◆**最大概率打法**9

图6.2.9　案例9

　　我们先来分解这手牌：二三条一搭，七条单张，一二二筒一搭，七筒单张，一个一三五万连坎，八八九万一搭。这手牌可打的牌只有七条和七筒这两个单张。但这手牌只有四搭牌，缺一搭。当手里缺搭子时，应该留下三四五六七这样的中张去靠搭。所以这手牌打七条和打七筒肯定都是不合适的。再来看一下这手牌，手里有一对二条、一对二筒和一对八万，应该选择拆掉一对。这三个对子都属于二八对称的对子，应该选择拆掉好的对子带搭子，然后把碰牌的机会留给差的对子带搭子。因此，这手牌的正确打法是打二条。

◆**最大概率打法**10

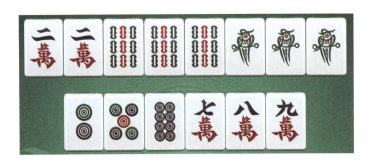

图6.2.10　案例10

对于这手牌，相信很多人都会选择打二筒或打八筒。正确的打法是打掉五筒，为什么呢？因为如果来一二三四六七八九筒，都可以听牌。如果不打五筒，而选择打二筒，就只能来三四五六七八九筒才可以听牌，会丢失一二筒的进张。如果不打二筒打八筒，就会丢失八九筒的进张。如果选择打五筒，那么就是丢失这张五筒的进张。有的人可能会说：如果打五筒，就会丢失靠两边搭的机会。对于五筒，如果来四筒或者六筒，就可以把它优化成一个两面搭子。但是如果留下二八筒，那么来三筒，就可以把二筒优化成一个两面搭子，来七筒也可以把八筒优化成一个两面搭子，所以并不存在打五筒会丢失靠两面搭的机会。尤其针对捉鸡麻将，这种一上听牌型，应运用快速听牌的原则来规划手牌。

◆ **最大概率打法** 11

图 6.2.11 案例 11

我们先来分解这手牌：二三筒一搭，一对六条一搭，一对八条一搭，三个一万一搭，二三万一搭，三个白板一搭。有六搭牌，按照五搭牌的原理，要拆掉一搭。很多人都会受三个一万的影响，选择拆掉二三万。如果打三万，那么进张是一四筒和六八条，一共是四门十六张；减掉手里的四张，还有十二张牌的进牌机会。其实这手牌可以分为一二三万一搭，手里就有了三个对子，即一对八条、一对六条和一对一万。当手里有三对时，应该选择拆掉一对。这手牌的正确打法是打六条，可进张是一四万、一四筒、七八条，一共是六门二十四张；减掉手里的五张，还有十九张牌的进牌机会，比选择拆掉二三万多了七张牌的进牌机会。所以，这手牌的正确打法是打六条，可以使整手牌的听牌速度至少提高50%。

◆ **最大概率打法** 12

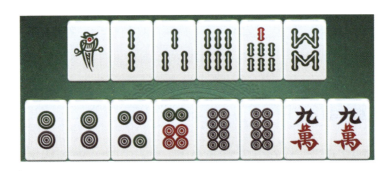

图 6.2.12　案例 12

我们先来分解这手牌：一二三条成牌，六七八条成牌，一对二筒一搭，四六筒一搭，一对八筒一搭，一对九万一搭。相信很多人都会选择拆掉四六筒，而舍不得拆对。拆掉四六筒后再打四筒，可进的牌有二七八筒和九万，一共是四门十六张；减掉手里的六张，还有十张牌的听牌机会。打四筒和打六筒的进牌张数是一样的。

其实，这手牌的正确打法是拆掉二筒的对子或者八筒的对子。如果选择打八筒，那么可进的牌有二三五七筒和九万，一共是五门二十张；减掉手里的四张，还有十六张牌的听牌机会，比打选择四六筒要多六张可听的牌。所以这手牌的正确打法是打八筒，可以使整手牌的听牌速度至少提高50%。

◆**最大概率打法13**

图6.2.13　案例13

我们先来分解这手牌：一二三万一搭，剩下一张二万单张，三个四万一搭，七万单张，一对三筒一搭，五六七筒一搭，九筒单张。拆解到这里可以发现，可打的牌有九筒、七万和二万。单张越靠边，其靠张能力就越差。那么应该打九筒吗？大家来看一下，九筒在五六七的带动下，使得四筒成了靠张。如果能够摸进来八筒，那么五六筒就可以变成一个双头的搭子。所以这手牌打九筒肯定是不对的。我们可以看到，二万周边牌的损耗很大，尤其是三个四万，基本上把二万的出路给封死了。所以，这手牌的正确打法是打二万。

◆**最大概率打法14**

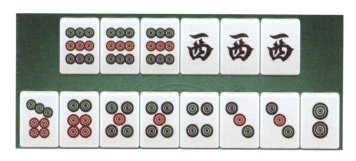

图6.2.14　案例14

对于这手牌，很多新手可能都会选择直接打二筒，这是因为他已听牌三六筒。这其实是一种错误的打法。这手牌的正确打法是留下二筒，打三筒，听二五筒，还可以听五八筒，最终就可以听二五八筒。

◆**最大概率打法**15

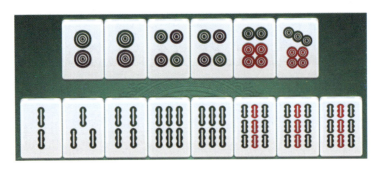

图6.2.15　案例15

我们先来分解这手牌：一对二筒一搭，一对四筒一搭，六七筒一搭，二三四条成牌，一对六条一搭，三个九条成牌，有六搭牌，按照五搭牌的原理，需要拆掉一搭。可拆的牌有对二筒、对四筒、六七筒和对六条。有的人可能会打七筒，因为四六筒不丢五筒。这个思路是对的，但拆掉六七筒这个两面搭子肯定是不好的。手里有三对的时候应该优先拆对，而不能拆两面搭子。二二四四筒，这种牌型叫"跳对"，打掉四筒后还能进三筒，拆搭子时应该优先拆跳对。所以这手牌的正确打法是直接打四筒。

6.3 拆搭技巧

◆拆搭技巧1

图6.3.1 拆搭技巧1

手上这副牌摸进来一张二条，应该怎么打？很多人都认为二条靠不上张，没有作用，于是把它给打了。其实这是一种错误的打法。打麻将需要有大局观。过了几巡，再摸进一张三条，会导致没有办法听牌。反观整副牌，只有一对二万可以做将。所以正确的打法是打三万，留二条。

◆拆搭技巧2

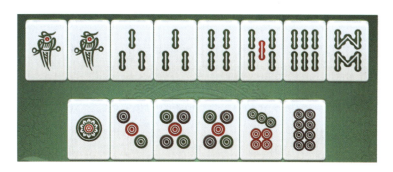

图6.3.2 拆搭技巧2

老是打错牌的根本原因是没有理清牌型。比如这副牌，大多数人会顺手打出八条。那么对于这副牌，应该怎么处理呢？首先应分解手牌，一共是六搭牌，八条是单牌，但是打八条不但丢了七条的进张，而且手牌还是六搭牌。如果换一种分解方式来分解，手中就没有单牌了，此时可以直接拆搭打一筒，让三五五筒形成坎张搭子，手牌就成了五搭牌。在一些极端情况下，甚至可以打掉五筒，使一三五筒形成三连坎，同样是可以的。这就是分解手牌和五搭牌原理的运用。

◆ 拆搭技巧3

图 6.3.3　拆搭技巧 3

手牌为六搭牌的时候，怎么拆？记住一点，尽量让手牌变成五搭牌。手牌分解之后是六搭牌，这就需要拆掉一搭，四五万和七八万有重复进张六万，所以很多朋友会选择拆掉七八万，但此时如果摸进六万，手牌依然是六搭，就需要继续拆搭。所以之前拆掉七八万并不理想。而一一三四条有重复进张二条，此时打四条，一三条就成了坎张搭子，手牌直接变成五搭牌。之后不论是碰一条还是摸二条，手牌都保持在五搭上，这才是最佳打法牌。需要记住，当打掉任何一张牌都有丢牌时，就尽量打丢牌最少的牌。

◆ 拆搭技巧 4

图 6.3.4　拆搭技巧 4

　　这手牌在实战中是经常碰到的牌型，所要拆搭的牌都是两边紧张，会让人陷入思考。这里要记住这个口诀："早拆中间晚拆边。"这副牌目前是六搭牌，此时打出一筒，碰了之后又该怎么打？九筒和对九万都是边张，容易碰，需要拆掉二三万或五六筒，在牌的进张都差不多的情况下，拆哪一个最合理？二三万要的是一四五万，六筒要的是四七筒，在牌局中前期，一四万出来的概率比较大，拆掉五六筒，去和一四万比较好。在牌局的后期，拆掉二三万是比较好的选择。

◆ 拆搭技巧 5

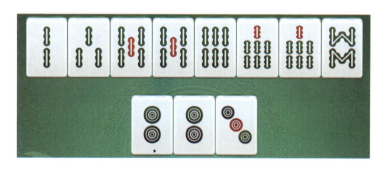

图 6.3.5　拆搭技巧 5

　　两对半牌型的听牌效率最高。我们来看这副牌，筒子和条子都是三家要，碰了五筒后该打什么？分解手牌，筒子上是一个搭子带对，条子上有一个复合牌型，一般会分解为一副成牌和一个两面搭。不少朋友可能会直接打五条，之后摸进一四条，六九条都可以下叫。但筒子上就没有发展机会了，因为二筒做将。换一种分解方式，即把对五条分解出来，七条变成单牌，这样打七条，虽说损失了六九条的进张机会，但可以进一四条、一四筒，以及碰五条、碰二筒，将牌的进张机会均分到筒子和条子上，从而增加了碰牌的机会，效果会更好。

◆拆搭技巧6

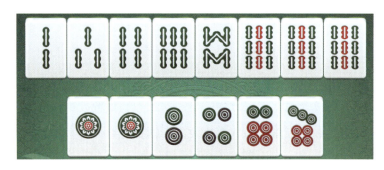

图6.3.6　拆搭技巧6

　　这副牌是新手经常会打错的牌，该怎么处理？这副牌分解后是六搭，根据五搭牌原理，需要拆掉一搭。二四筒或六八条的质量都不高，大部分人为了九条的杠而去拆掉六八条，但从五搭牌原理来看，这样就有些吃亏。在拆搭的时候，应尽量让手牌变成五搭牌。我们拆掉四筒，一一二筒就成了坎张搭子，手牌在变成五搭牌的同时也不丢三筒。这是一个固定的模式，大家可以记住"二四拆四，六八九九拆六"，尽量减少丢张。

◆拆搭技巧7

图6.3.7　拆搭技巧7

　　大家有三连坎的概念吗？遇到三连坎，一定不要随意拆。我们来看这副牌，分解之后是六搭牌。两副成牌，一个对子，三个两面搭子。此时需要拆掉一搭，在没有理清牌型的情况下，很多人都会拆掉三条。条子上的牌型其实可以这样分解，三五条是卡张搭子，如果和七条放在一起就是三连坎，进张四六条都可以成牌，相当于一个两面搭子。因此，这里打掉八条是丢张最少的，之后摸进来一四六条都可以形成两副成牌。这就是三连坎的作用。

◆拆搭技巧8

图6.3.8　拆搭技巧8

　　这副牌的关键是在于如何分解。现在我们拆解一下：二三条一搭，一对三条一搭，六七八条成牌，剩下一张七条单张，二四万一搭，五六七万成牌。现在是五搭一上听的经典牌型，但这样分解是不对的。优先拆除成牌，先把三条的暗刻给分开，把六七八条成牌分解，对二万做将，五六七万成牌，三副成牌带二万，这其实是靠张一上听。现在二条、七条、四万是单张。拆解手牌时一定要记住，优先拆除成牌，将手牌拆解成靠张一上听的牌型，这样手牌的进张机会才能最大化。所以对于这副牌，正确的打法是打这张七条。为什么呢？因为这是从听张优化的思路去思考的。如果二条这边摸进来一四条，就可以把三条做将，实现听牌；如果四万这边摸进来三万，就可以听二五八万，也非常不错。

◆拆搭技巧9

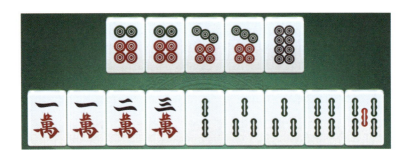

图6.3.9　拆搭技巧9

　　你知道策略打法吗？我们可以看到，这副牌有五搭牌缺将，貌似打七筒才是最正确的。如果打七筒，那么摸进来一四万，或是摸进来六九筒都能构成对，然后听一四条；再或者摸进来一四条，还能够选听六九筒，或者选听一四万，看起都很不错，但这手牌还有更好的打法。筒子这边来六七九筒都能构成对，还能保证六筒和七筒碰出；条子这边来二三五六条都可以成对。在手上没有将头的时候，一定要保留这种顺子带搭子的牌型，这种牌型的靠对能力非常强。对于这副牌，正确的打法是直接打掉这张一万，把手牌打成无将一上听，在进张面最大化的同时，也保证了必然的两面听牌。

◆拆搭技巧10

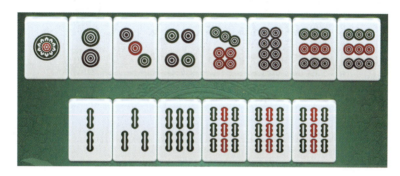

图6.3.10　拆搭技巧10

我们分解这副牌后发现，手牌缺的是对子，可打的牌只有六条。在四筒和九筒中，貌似九筒是最差的，所以很多人会选择打九筒。其实这是一种错误的打法，整手牌缺的是对子，可以看一下这个四筒，在一二三筒的带动下，只要摸进来一四筒就可以成对。九筒在七八九筒的带动下，只要摸来六九筒也能成对。这种成对效率比较高的牌型需要保留下来。所以这副牌的正确打法是直接打六条。这里再给大家分享一个小技巧：当手上没有对子的时候，需要保留这种四连牌型和这种边肚牌型来摸对，这样摸对的效率才能更高。

◆拆搭技巧11

图6.3.11　拆搭技巧11

不会判断搭子的价值，会导致打麻将时老是拆错牌。我们来看这副牌该怎么处理？这副牌分解之后是两副成牌、两个对子和一个三连坎。很多人都会选择打五条或九条，但是三连坎相当于两面搭子拥有两个进张机会，很容易成牌，而对一条容易碰出，二条的价值并不高，所以打二条才是最好的方案。这就是搭子价值的判断。

◆拆搭技巧12

图6.3.12　拆搭技巧12

打麻将之所以总是拆错牌，是因为没有掌握五搭牌原理。我们来看这副牌该怎么处理。这副牌分解之后是六搭，一副成牌、两个对子、三个两面搭子，很多人会打八万，这样不但丢了七万这一进张，并且手牌依然是六搭牌。如果拆四五万，丢张三六万也不理想，而三四条和六七条有一个共同进张——五条；打掉四条之后，三条与对一条形成坎搭子，不丢二条，六七条依旧可以进张五八条，也就是打掉四条后并不丢张，而且手牌变成五搭牌。这就是五搭牌原理在拆搭技巧中的运用。

◆拆搭技巧13

图6.3.13　拆搭技巧13

当手牌里有四个对子时，该怎么处理？我们来看这副牌，分解后是六搭，根据五搭牌原理，要拆掉一搭。但此时手牌里有四个对子，有七对一搭单吊的希望。这时，很多人可能就犯迷糊了，不知道怎么打。

遇到这种情况，依然要按照五搭牌原理进行分解，找到最优的处理方案。在这副牌中，三四万和六七万有共同进张，打了六万并不丢张，来了八万就可以向七对发展，来了二五万就可以继续拆掉七万，从而让手牌下叫得更快。

◆拆搭技巧14

图6.3.14　拆搭技巧14

　　此时摸进来一张八筒，该怎么处理？我们来分解一下这副牌：一对八条一搭，一对一万一搭，五六万一搭。筒子有两种分解方法，六八筒为一搭，三五筒成牌，二三筒一搭。这样分解就有六搭牌，需要拆掉一搭，虽然有三对时优先拆一对，但这手牌并不是拆掉一对六万，而是直接打掉这张八筒。

　　根据五搭牌原理，这组牌的筒子还可以这样分解：八筒单张，四五六筒成牌，二三三筒一搭。此时，正确的打法也是直接打八筒。虽然打八筒会丢失七筒的进张机会，但来七筒同样有用。这边的五六七筒成牌，然后打掉三筒，二三四筒成牌。

◆拆搭技巧15

图 6.3.15　拆搭技巧15

这副牌中，打哪一张最合适呢？这是一副典型的六搭牌，需要拆一搭。除了七八九万成牌外，剩下三个对子，以及三四万和六七万两个两面搭子。在一般情况下，我们不建议拆两面搭子。但是三四万和六七万有一个五万的共同进张，所以这个时候可以拆一搭，直接打六万，在丢牌比较少的同时，还可以保证七对的可能性。

◆拆搭技巧16

图 6.3.16　拆搭技巧16

这副牌打哪一张，可以让和的叫口更宽？很多人纠结七八万该打哪一张。如果打八万，五六万是对子和，七万可以开杠。但仔细看一下，如果打八万，那么可以和四七万。有的人在情急之下拆了七万，去和五八万，就得不偿失了。所以在打牌的时候，我们一定要看清楚牌、算清楚牌，才能更好地和牌。

◆拆搭技巧17

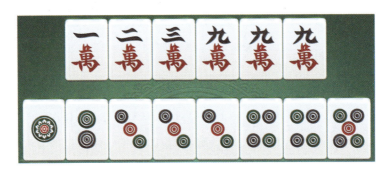

图 6.3.17　拆搭技巧 17

这副牌怎么打更容易和牌？万子肯定不能打，只能打筒子。如果打五筒，那么三四筒是对子胡，只有三张牌，和牌的概率较低。如果打四筒，那么有五张三六筒可以和，但三六筒作为中张被打出来的概率比较低。如果打三筒、和一四筒，那么可以和的牌同样是五张。相比之下，和牌的概率比较高。这是因为其他家如果拿了三张三筒，那么一筒不好成牌，被打出来的概率就会很高。

◆**拆搭技巧18**

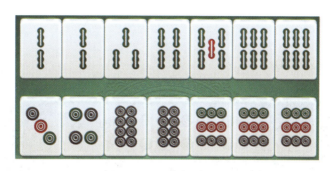

图 6.3.18　拆搭技巧 18

在分解这副牌后，我们发现，这副牌有六搭，其中三个对子需要拆一对。在这副牌中，二三四五六条是个五连牌型，进张为一四七条，所以拆二六条最合适。但因为二条容易碰，所以打六条是最佳打法，不仅可以进一四七，还可以碰二条。

◆**拆搭技巧19**

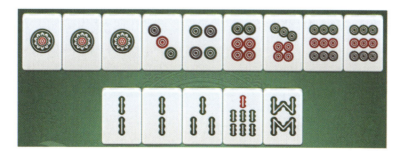

图 6.3.19　拆搭技巧 19

打麻将时，拆搭是有技巧的。对于这手牌，如果打三条之后进二五八筒，或进六九条，依然是六搭牌，就还需要继续拆。如果打六筒，那么在不丢五八筒的同时还可以直接变成五搭，后面就不再漫无目的地打牌了。关键是如果不做清一色，那么拆搭一定要向五搭牌靠近，才能更快地下叫和牌。

◆拆搭技巧20

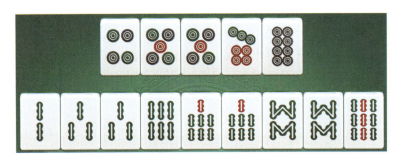

图6.3.20　拆搭技巧20

　　按老规矩，我们先拆解这副牌。筒子上可分为两搭；条子的牌型比较复杂，六七七八八九条是两副成牌，可以放到一边，那现在只剩三搭牌。此时，大多数人会选择拆掉五筒或三条，这样做对不对呢？答案是不对的。因为不论是拆对五筒还是对三条，四筒或二条都会成为废牌，所以这里应该在四筒和二条之间做选择。重点在四五筒可进三六筒，七八筒可进六九筒，此时都需要六筒。所以这里应该打四筒，这样就只会损失三筒的进张机会，而不影响进六筒。

◆拆搭技巧21

图6.3.21　拆搭技巧21

　　单牌太多，该怎么拆？对于这副牌，摸进来一张九万该怎么打？我们先分解手牌，有三副成牌、一个对子、三个单牌。这时候，很多人会打三万、碰九万。如果打四条，就可以下叫六七万。但这样下叫并不理想。首先，在这手牌中，三万的靠张能力明显更好。其次，打掉六万很可能会引出九万的碰和八万的杠，这样就可以把下叫在一四七条上，相对来说更容易和牌。

◆拆搭技巧22

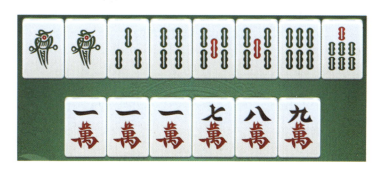

图6.3.22　拆搭技巧22

打麻将和牌必须满足一个最基本的条件，就是手上有四副成牌加一个对子。所以在打牌的过程中，我们要让手牌往这个方向前进，手牌不够五搭就要去凑，超过五搭就要拆。所以，正确分解手牌非常重要。

我们来看这副牌，在分解的时候，通常会把一二条、五六条等牌放在一起。因为有机会形成一副成牌，所以一二条被称为边张带对，五六条被称为两面带对，三五万是坎张搭子，七八万是两面搭子，九条被称为单牌或孤张。如果把一三万放在一起，就成为坎张带对，五万就成孤张了。这副牌有六搭，需要拆掉一搭。如果在下一巡摸进来一张九万，就可以打九条或者吊五万，一切都要根据实战中的具体情况来处理。整个打牌的过程就是不断优化五搭牌，并最终和牌的过程。

◆**拆搭技巧** 23

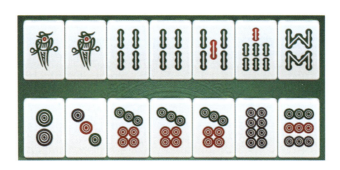

图 6.3.23　拆搭技巧 23

我们来看这副牌，如果此时摸进来一张四条，该怎么打？我们先分解这副牌，条子上有两个对子，如果七七八九筒分解成一对七筒加七八九筒，那么根据三对拆一对的原则，就需要拆掉最不容易碰的七筒。这明显不合理。所以这副牌要分解成为三个七筒加八九筒。对比下来，八九筒是最弱的搭子，因此要将其拆掉。

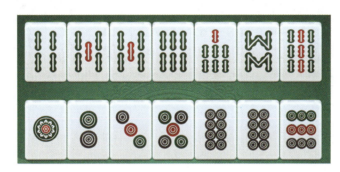

图6.4.1　案例1

　　我们来看这副牌，分解之后是无将一上听。此时进五条、五筒或七筒，都可以下叫。如果此时摸进来一张八筒，那么该怎么打？相信不少朋友都会打五条。这么打到底对不对呢？我们来看一下，当摸进来八筒之后，牌型转换成靠张一上听。此时要打掉靠张能力最弱的牌，很明显，打九筒才是最合理的。之后再摸进来三四五六七条或者三四五六七筒，都可以下叫。而如果选择打五筒或五条，那么丢张可就太多了。

◆三大牌型2

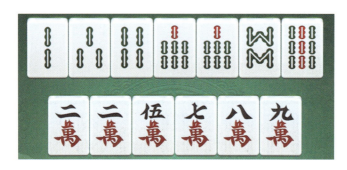

图6.4.2 案例2

我们来看这手牌，目前是靠张一上听。如果有人打出二万，那么大部分人都会选择碰牌，然后单吊七条或五万。但单吊叫不太容易和，所以之后还需要进一步调整叫口。如果此时不碰二万，而去摸五万或者七条的靠张，就很容易获得更好的叫口，之后的和牌也会变得容易。因此，当手牌是一对两单的时候，就尽量不要去碰牌。

◆三大牌型3

图6.4.3 案例3

这手牌该怎么打？很多人都会选择直接打七条，可这样到底对不对？

我们先来分解手牌，这手牌已经是三副成牌、一个对子。这是之前说过的靠张一上听，要打靠张能力最弱的牌。这手牌，在万子上是四连牌型，进张一万到八万都可以听牌，摸进来二万或七万还可以形成三口叫，所以三六万不能打。再看条子上，三七条的靠张都很多，而二条出来肯定要开杠，这就让三条的靠张能力大减，因此打三条才是最有利的。之后再摸进来五六七八九条、一万到八万，或者碰了九万，都可以下叫了。

◆ 三大牌型4

图6.4.4　案例4

我们来看这手牌，分解之后是三副成牌、一个对子，是靠张一上听的牌型。如果此时摸进来三筒，怎么打？很多人都会直接打孤张三筒，因为不了解牌的价值。当靠张一上听时，就要保留靠张能力最强的牌。在这里，三筒和七万靠张最多，六筒的靠张有三个八筒在手上，所以打掉六筒最合理。有的人会保留六筒，将叫口预留在六七筒上，这不但会让和牌的数量减少，而且如果杠了八筒就成了单吊叫口，所以要直接打掉六筒。

◆三大牌型 5

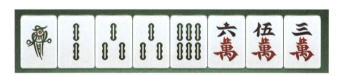

图 6.4.5　案例 5

这副牌已经是三副成牌，剩下的四张牌是一搭两单。这就是课程里面说的"无将一上听"。如果此时摸进来一张三万，该怎么打？有的人会打三条或三万，这就错了。无将一上听的牌型是缺对子，如果打三条或三万，就只能依靠六条来成对，会打得十分困难；而如果保留三万，那么既可以摸三万，也可以摸四万和六万，保住三条摸到一二条同样有用。所以对于这副牌，最佳方案是打六条。这就是"无将一上听"的处理方法。

◆三大牌型 6

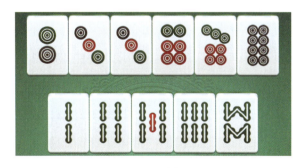

图 6.4.6　案例 6

这副牌已经是三副成牌一个对子，这就是靠张一上听牌型。如果摸到二筒或者二条的靠张，就可以下叫。如果下一手摸进来一张八条，那么该怎么打？有的人会保留二三三筒的搭子，去打八条或二条，这是因为没有理解靠张一上听牌型的特点。在这手牌中，只有对三筒做将，所以即便摸到一筒或者四筒，叫口也不好。不如直接打二筒，将叫口预留在条子上。如果摸到三条或者七条，就可以形成三口叫，则更容易和牌。这就是靠张一上听的处理技巧。

◆ **三大牌型7**

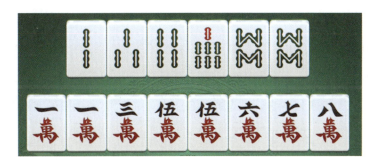

图6.4.7　案例7

这副牌该怎么打？这副牌分解之后是五搭牌，两副成牌、三个对子，这是"经典一上听"。如果你选择打三万或者七条，说明你还是一个麻将小白。对于这手牌，三对拆一对才是最优的打法。不少人会选择拆五万。这个思路虽然正确，但很大概率会形成卡四万的叫口。对于这手牌，最好的方案是打八条，之后再摸进来二万、四万，或者碰出一万、五万，都可以下叫六九条。这是一个非常容易和牌的叫口。所以我们在拆对子的时候，要尽可能地找到更好的方案。

◆三大牌型8

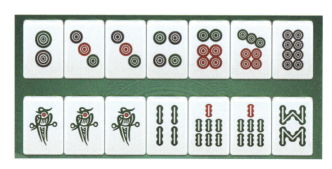

图6.4.8 案例8

　　抽到这手牌，90%的人都会选择打三筒或者四条，但这样对吗？我们来分解手牌，筒子上是两副成牌，条子上是一副成牌和一个对子。看得出来，目前的手牌是三副成牌和一个对子，虽说只有四搭，但只要摸到三张单牌中的任何一个靠张，都可以下叫了。这就是一上听的状态。因为摸进来靠张就下叫，所以是靠张一上听。那么三筒、四条和八条，谁的靠张多？毫无疑问是三筒和四条，八条是边张。而且七条有两个在手上，靠张就更少了。因此，打八条才是最正确的。之后再摸进来一二三四五筒或者二三四五六条，就可以下叫了。最后总结一下，靠张一上听是三副成牌和一个对子，遇到这样的牌型，就要打靠张能力最差的牌，保留靠张更多的牌，以便下叫和牌。

6.5 常见错误

◆常见错误1

图6.5.1 案例1

我们先分解这副牌：三个一万一搭，七八九万一搭，三四四筒一搭，四五六筒一搭，六七筒一搭。如果选择打三筒，听五八筒，那么只能说明你的麻将水平还待提升。打六筒到底会怎么样？如果打六筒，则剩下三四四四五六七，是七张顺刻队形的听牌型。在这种顺刻牌型下，首先抽出刻子，单吊三筒。抽出对子，剩下三四五六七的五连型，听的是二五八筒。所以对于这副牌，应该直接选择打六筒，总共听四张牌，即二三五八筒。

◆ 常见错误 2

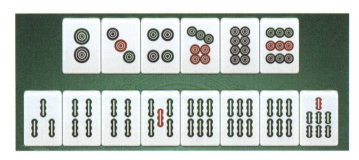

图6.5.2　案例2

我们先分解这副牌：二三四筒成牌，七八九筒成牌，三四五条成牌，四条单张，三个六条成牌，七条单张。在这副牌中，可打的牌只有四条和七条。打七条之后，剩下一个三四四五六六六的顺刻牌型，是七张顺刻型的听牌型。首先，抽出刻子，单吊四条。然后抽出对子，听二五条。所以对于这副牌，打掉七条之后，合起来听二四五条三张牌。

我们再来看如果不打掉七条，而打四条，那么剩下的也是一个三四五六六六七的顺刻牌型。同样，首先，抽出刻子，单吊七条。然后，抽出对子，剩下一个三四五六七的五连型，听二五八条。所以对于这副牌，打掉四条之后，合起来听二五八条加七条四张牌。因此，对于这副牌，打四条才是正确的打法。

◆常见错误3

图6.5.3 案例3

我们先分解这副牌，筒子上是一个三四五六筒的四联型，条子上是二三条一搭，万子上是两个可以连在一起的大肚型。这副牌在分解后就只有四搭牌，缺一搭。这副牌有两个大肚型，又是连在一起的，所以不能去拆。这种双翼型很容易摸对，而且很容易提供两副成牌，加上一个对子。两个大肚型连在一起后的可变化性是很大的。对于这副牌，如果摸进来一张二万，那么四五六万成牌，七万做将，就可以选择打八万。如果摸进来一张九万，那么五六七万成牌，四万做将，就可以选择打三万。因此，这个双翼型可以给我们提供二五六九万的进张机会。综合分析下来，万子上双翼型的摸对能力明显强于筒子上的四连型，所以这副牌的正确打法是直接打三六筒。

◆常见错误4

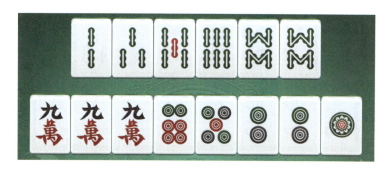

图6.5.4　案例4

我们先分解这副牌：二三条一搭，五六条一搭，一对八条一搭，三个九万暗刻成牌，五六筒一搭，一二二筒一搭。分解完这副牌后，如果有人想随手打一筒，说明他的基本功不够扎实。这副牌在打出一筒之后，仍然还有六搭牌，后面如果条子这边进一四七条，或者碰八条；再或者筒子这边碰二筒，摸进来四七筒，就都需要拆掉一搭。比如，现在有人打出来一张八条，我们碰了八条。那么碰了之后，这手牌该怎么打？我们还是需要拆搭。所以对于这副牌，正确的打法应该是直接打五条，剩下的六条还能和八条组合。这样的话，条子这边来一四七条同样有用。

◆ **常见错误5**

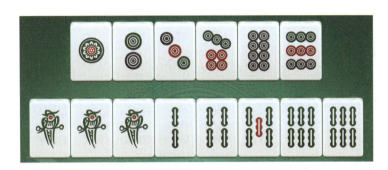

图6.5.5　案例5

对于这副牌，直接打二条，和三六条是一种错误的打法。这副牌可以留下二条，选择打六条，转听二三条。这样做有四个好处。第一，听三六条有听六张牌的概率，而听二三条有听七张牌的概率。第二，打六条，如果是可以点炮的局，还可以引诱敌家踩线走，继而打出三条。第三，现在听二三条，能和二三条组成的顺子就只有一二四条，而这些牌在手里已经占用五张，导致二三条的联络性变差，敌家手里的可利用性降低，因而容易被打出。第四，打六条不容易被碰或被杠，而打二条有可能会点杠或者被敌家碰牌。因此，对于这副牌，应该打六条，转听二三条。

◆常见错误6

图6.5.6 案例6

我们先分解这副牌：一对二万一搭，一对四万一搭，六七万一搭，二三四筒成牌，一对六筒一搭，三个九筒成牌。这副牌有六搭，应该拆一搭。有很多人会选择打七万，其实这是不合适的。这副牌缺的不是对子，而是好的进口。当我们手里有三对的时候，应该选择拆掉一对。对于这副牌，正确的打法是直接打四万。打出四万之后，我们只是损失了碰四万的机会，但是多了三万的进张机会。为什么是打四万而不是二万呢？因为二万碰出的概率比四万碰出的概率大。

◆常见错误7

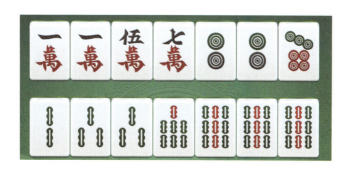

图6.5.7 案例7

这副手牌里有一对一万、一对二筒，还有一对三条。我们是不是应该打三条呢？其实都不是，这副牌正确的打法是直接打七条。如果手里没有对子，那么留下七九九九条这样的牌型是非常不错的。这种牌型摸对非常好，摸七条可以成对，来八条也可以成对。但牌已经有三个对子，还是一个二进听牌型，如果此时留下这张七条，那么九条作为七条的有效靠张，已经损耗三张。这个时候再选择留下七条，已经没有任何意义。

◆**常见错误8**

图6.5.8　案例8

我们先分解这副牌：二三条一搭，二二三筒一搭，六七八筒成牌，二万单张，四五六万成牌，六七万一搭。分解到这里，大部分人可能就会选择打二万。万子这边还可以这样分解：五六七万一搭，二四六万是一个三连坎，因此打掉二万就会丢失三万的进张机会。这副牌打掉一张之后就是一进听的牌型了。手牌一上听应该尽早定将，所以这副牌正确的打法是直接打三筒。这是因为留下三筒，无非是想靠一四筒，但如果把一四筒给摸进来，就没有办法听牌了。所以对于这副牌，可以直接打三筒，这样摸进来一四条后，三五八万就都可以听牌。

◆常见错误9

图6.5.9　案例9

我们先分解这副牌：一对一万一搭，三四万一搭，六七万一搭，三个一筒成牌，四五筒一搭，八九九筒一搭，需要拆掉一搭。大部分人会选择打八筒，那么仍然还有六搭牌，后面碰九筒、碰一万，摸来三六筒，或者万子这边再上牌，还是需要拆掉一搭。手牌只有时刻保持为五搭牌，听牌效率才是最高的，不要等到迫不得已再去拆搭。因此，这副牌打八筒的话肯定不合适。对于这副牌，三四万需要五万，六七万也需要五万，故而存在一个有效牌重复的问题。所以这副牌应该打四万，剩下的三万还能和对一万组合，就算来二五万也同样有用。

◆ **常见错误** 10

图 6.5.10　案例 10

　　我们先分解这副牌：一对一筒一搭，六六八筒一搭，五六条一搭，一对三万一搭，六七万一搭，一二三万成牌。此外，还可以把三个三万的成牌分出来，剩下的一二万是一个边张搭子。无论怎么分解，这个进张都需要三万。而且这副牌无论怎么分解，都是六搭牌需要拆掉一搭。像这种靠边的顺刻牌型，能够给手牌提供的最大价值就是一副成牌加一对。但这副牌已经有一对一筒合一对六筒，并不缺对子，所以这副牌正确的打法是打一万。

◆ **常见错误** 11

图 6.5.11　案例 11

我们先分解这副牌：一三筒一搭，一对九筒一搭，二三条一搭，七八九条成牌，三四五万成牌，七九万一搭，需要拆掉一搭。可拆的牌只有一三筒和七九万，而这两个边张搭子的优化改良能力是一样的。如果一三筒摸进来四筒，那么就可以把它改良成一个两面搭子；如果七九万摸进来六万，也可以把它改良成一个两面搭子。但七九万在三四五万的带动下，如果摸进来二万，那么可以对七九万进行改良；如果摸进来二万，那么将五万拿过来，就成了一个五七九万的三连坎，来六八万都是进张，因此六万是七九万的改良牌。但如果提前摸进二万，那么这个六万就变成进张。因此，这副牌正确的打法是拆掉一三筒。

◆**常见错误**12

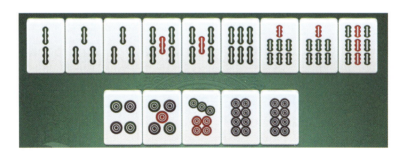

图6.5.12　案例12

我们先分解这副牌：二三三条是一个两面带对，五六七条成牌，七九条一搭，还可以将单张五条拿过来，组成一个五七九条的三连坎。筒子上四五筒一搭，七八八筒也是一个两面带对。这副牌里只有两个对子，即一对八筒合一对三条，所以肯定不能拆对。从大和的角度考虑，条子这边已经有九张同花色的牌型。从长远考虑，其实这手牌看后续的上牌，还是可以考虑清一色。而且大家可以看一下，整手牌已经有一对三条、一对五条、一对七条，还有一对八筒、四个对子，也可以根据后续的上牌考虑做对。因此，对于这手牌，打九条肯定是不合适的。正确的打法应该是打七筒，只丢失九筒的进张机会，后续来六筒的话同样有用。而且如果打七筒，则既有了平和的可能性，也兼顾了大和的可能性。

◆**常见错误**13

图6.5.13 案例13

我们先分解这副牌：二三万一搭，七八九万成牌，九万单张，三四五筒成牌，七筒单张，三条单张，一对五条一搭，七条单张。这副牌只有四搭牌，缺一搭，而且缺的是搭子，而不是对子。因此，要利用这四个单张，即七条、三条、七筒和九万去靠成一搭。这样一分析，九万的靠搭能力最弱。因此，这副牌正确的打法是打九万。

◆常见错误14

图6.5.14　案例14

我们先分解这副牌：一二三条成牌，七八九条成牌，一对三万一搭，四六八万三连坎可以看成一搭牌，三个九万成牌。这副牌摸进来三万，就来到一个听牌阶段，打四万听卡七万，打八万听卡五万。如果牌河里五万和七万一张都没有出现过，那么建议打四万，听卡七万。如果后面能够碰出三万，就可以选择打六万，听七八万。这样打，就多了一张八万的听口。